學上當

所有的壞消息都是好消息，沒學到才是壞事，

磨亮自己，當自己的貴人

秦嗣林 著

序
生命裡的兩種上當

錯綜複雜的人際關係乃是人生大戲的主體，當中包含歡喜與成長，也免不了面臨挫折與負擔。但這些失望從何而來？皆來自主見深埋在人心，眼睛看見的和耳朵聽到的不一定為真，其中包含了被他人所騙，但也有許多是被自己的幻想所迷惑，而它們都像是生命裡頭的「當」。

在近四十年的當舖生涯中，我看過無數被騙的人，總結出兩種上當的情況：第一種是「上了不願上的當」，例如，詐騙集團運用凡人的貪念，稍微投其所好，便能釣到大魚。

曾有一位客人帶著一柄金光閃閃、貴氣逼人的權杖來找我，號稱是蔣介石的權杖。他口沫橫飛地說，有人告訴他：「只要再投資八百萬打通關節，就能帶著權杖到四川重慶找一位將軍的後代，便可以打開某座防空避難庫的大門，拿到兩億美金。」

可是我一檢測，卻發現權杖是鍍金的，而且如果真有美金，看守者何不私吞呢？客人面露猶豫，不知該相信誰，於是我說：「很簡單，你給對方一個測試，跟他說現在手上沒錢，反過來跟他借一百萬還房屋貸款，等到賣了房子，再投資對方八百萬，看他借不借。」結果一試之下，對方從此杳無音訊。

除了貪念之外，還有因愛著某人所產生的愚昧，可怕的是對方完全沒有相同的感覺。雖說感情不可測試，但是當上天給予答案時，後果可是承擔不起。我有一位收入穩定的竹科高級工程師時常來店裡挑名錶，有一天竟為了急用來當手錶，我好奇地問：「你在大公司工作，每年分紅配股根本花不完，怎麼會有急用呢？」

他才吞吞吐吐地說這一年和一個女孩子陷入熱戀，但是女方的命運坎坷，一下子爸爸生病要開刀、一下子媽媽車禍肇事要理賠，算起來已經資助她七、八百萬，現在女生的妹妹在大陸被公安抓了，急需兩百五十萬救命，所以才來當錶。

我聽了他的話反問他：「聽起來你和她一樣坎坷，乾脆測試一下到底是真的還是假的？」

「她很老實，不會騙我的。」

「她再老實，你測試一下也不會減分。你反過來打電話給她，就說你弄壞了研究室的儀器，公司索賠三百萬，現在還差五十萬，請她立刻匯給你，而且要連續打三次電話才逼真。反正你都幫她七、八百萬了，她幫你五十萬也不多。」

他想了半天，要我在旁邊幫他壯膽，終於鼓起勇氣打電話，結果頭兩通電話打去，對方支支吾吾說會想想辦法，第三次再打就轉到語音信箱，連著好幾天都關機，工程師傷心欲絕，我安慰他說：「往好處想，起碼你省下兩百五十萬，否則未來還會虧更多。」

面對不願上的當，要試著測試別人，只要把貪字反套在對方頭上，馬上見真章。

至於第二種則是「代價太大而上不起的當」。

好比名利，當年我的生意做得順風順水，同業對我前呼後擁，我也自忖能力強，因此決定參選當鋪公會的理事長。當時我太太連聲反對，她說萬一選上了，不但天天交際應酬，而且幹不了什麼大事。但我嗤之以鼻，認定當選理事長之後才是事業的高峰。

誰知就任之後風雲變色，花了錢別人還不領情，做了事人家還不感激，而當我需要協助時，反被倒打一耙。原來我被利用完了之後，已成為妨礙他人利益之人。原本夢想的名與利成了一場噩夢，全是自找麻煩。

為人父母亦是一種上不起的當，孩子自幼吃好穿好，若是教育成功，長大後孝敬父母實屬應該，萬一翅膀硬了拋下兩老一走了之，這種當可是萬萬上不起。當鋪裡時不時會有一些長輩來當戒指、項鍊之類的小東西，她們常難為情地說敬老金還沒下來，需要周轉生活費，可是小飾品的品質往往不會太好，實在值不了多少錢，我們常常陷入為難。

而往往只要問起子女是否孝順？換來的會是更多的嘆息，有的遠在海外，有的自顧不暇。一回首已百年身，失落和心寒實在難耐。所以為人父母者要測試自己是否能承受這種寂寞？如果不行，對子女盡到基本義務就好，更重要的是照顧好自己的晚年生活。

人活著難免會上當，它們不全是壞事，若能從中學到經驗與智慧，這就是上「有營養」的當。而為了避免生命中不可承受的苦痛，測試別人和測試自己有時也是實屬必要。猶如往平滑如鏡的水面投入一顆石頭，漣漪一起，才會露出水面下的暗礁。透過模擬上當，避免承擔不起的意外。

這不是自私，而是理智；更不是不信任人，而是衡量自己的眼光、胸襟和行為是否正確。沒事找事和興起漣漪，是查驗真相的法則，也是這一本書的主要用意。《學上當》一書是我從事當舖業近四十年來，面對工作、人生與金錢所習得的心法，也期許能夠帶給大家一些收穫。

目次

一、關於工作

——人世間沒有不勞而獲的事，不要妄想著禮物會從天上掉下來。鍛鍊，是競爭的基礎；競爭，是生存的法則

二、關於金錢

——能夠富有的人都不是偶然成功，是因為他們懂得管理金錢。管理是門學問，需要研究和實踐

三、關於態度

——所謂的「貴人」並不是指給你名利，而是透過他的行動和言語，讓你學到智慧，能殺出一條血路

四、關於人生

——人生難免遇到挫折，它們都像是紅燈，製造了暫停的機會，讓我們有時間停下來思考

一、關於工作

——人世間沒有不勞而獲的事，不要妄想著禮物會從天上掉下來。鍛鍊，是競爭的基礎；競爭，是生存的法則

修一堂「上當」的課

上當有分兩種，一種是外人給的，一種則是自找的，而上當的「上」是動詞，表示你可以不要這麼做。上當時不要怨天尤人，把它當成一種機會教育，才可以從中掙脫出來。

沒有人喜歡上當，但人生這麼長難免會上當。「上當」算是人生當中必經的課題，從我這個開當舖的人來看，「上當」如果能給人不同的看法、經驗，甚至會有所收穫，這個當就上得值得。

例如，我第一次開當舖，就收到了假的金項鍊，爾後，幾乎各種物件的「第一次」，例如第一次當汽車、第一次當古董、第一次當雞血石……都會上當。這種當多是因為經驗不足，學習之後就能避免。

另外一種是「吃自己的當」，因為人格上的缺失，想貪人家的財才會上的當。像被「金光黨」騙的那些人，總是說「因為對方用了什麼迷藥，我才會迷迷糊糊的照做」，破案之後才發現，金光黨不過就是「投其所好」，用計勾出被害者的「貪念」，才能順利使人上當。

基本上，貪、嗔、痴都是上當的基礎。上當不見得是損失金錢，也有人是失去了感情、時間。有趣的是，完全不懂的人，通常不會上當，會上當的都是「半瓶醋響叮噹」的人。而騙你上當的人，不乏陌生人，但最多的還是自己人，尤其是「同字輩」，包括了：同鄉、同梯、同學等。

之前，新聞說中國廣西省南寧縣有個「指山賣柴」的騙局，有人佯裝地方大老，說當地的重要建設都是他們所投資，獲利無限且有政府撐腰，正在找其他投資者。我一位晚輩也辭職要去當地發展，並要我加入這個投資計畫，找我談了三次，宣傳資料印製精美，口若懸河，若不是我心知肚明「世上沒有不勞而獲的事」，真是聽到都會心動。後來打了通電話給廣西的朋友，才確定是詐騙集團。

我上當的紀錄太多了，但是我把上當定調為「非得非失」，是一種教育機會，只要夠「冷靜」，就能獲得上當後的「獎品」，小獎是哈哈大笑，大獎則是你此生都不會再上這樣的當。

我曾在北京街頭找人換人民幣而上當，對方拿了我的一百美金就消失不見，我還傻等了一個小時。起初我很生氣，晚上睡前想到卻哈哈大笑，因為我發現純真的自己仍然存在，這是一個「很有營養」的當。

很多客人來當舖當東西，都會憤訴自己上當的故事，共通特點就是「怨天尤人」，這樣的人其實很悽慘，因為他們走不出來。上當後不要急著生氣，要懂得分析，了解自己為什麼會上當，就能避免再發生；也不要矯枉過正，很多玩世不恭的男女，都是在上當後，從此不相信真愛，這輩子也就只能當個「清醒的木頭人」了。

雖說「人無橫財不富」，但橫財是凶財啊！上當的「上」是動詞，表示你可以不要這麼做，就像釣魚時，其實魚只要張開嘴，鉤子就會掉了，但為什麼魚死也不肯張嘴，就是因為不甘心，反而讓自己陷入困境，這就好比一味沉迷於上當的故事裡，自怨自艾的人一樣。

先養雞，還是先養狗？

想要兼顧品質與價格是讓所有生意人頭疼的問題，但其實它們兩者並不是矛盾關係，而是次序的問題：先專注品質，再考慮價格，正是兩者兼顧的祕訣。

「您是做哪一行的？」

「果農。」

我看上門而來頭戴斗笠、套著長筒手套、腳蹬高筒雨鞋的客人，的確是農家打扮。他說平日在八里的山上種植橘子和文旦，隨便種都能結實纍纍，聽起來實在不需要周轉。

「果農需要當東西？」

「果農也有困難啊！」

「您有什麼困難？」

「前兩天幾個開著卡車的小偷拔光了所有橘子和文旦，載不走的全扔在地上，最夭壽的是連農具和肥料都偷走了，我只好拿家裡的首飾來當，準備重新再來。」

我想起曾經在店裡養了四隻大型犬看門，那一陣子上門找麻煩的人確實比較少，於是建議他：「何不養狗顧果園呢？不然下次小偷再來，又要被偷一次。」

「你說得對，我怎麼沒想到？養什麼狗比較好？」

「狼狗啊。」

果農說幹就幹，買下兩條比利時狼犬，過了一陣子，他興高采烈地跑到店裡說：「你的建議太棒了，這兩條狗比我想像的還厲害，不但小偷沒再出現，連果園裡的蛇都吞了好幾條。」

「這樣太恭喜了！那……怎麼還會來當東西呢？」

「我打算另外種一批有機蔬菜。」

「有機蔬菜很夯啊，可是不灑農藥的話，蟲害怎麼辦？」

「一般來說有兩種方法，一種是搭棚子罩起來，另一種是養雞吃蟲。搭棚子的成本比較高，所以我打算養雞，這次來當東西，正是準備先買五十隻雞。」

「您真有生意頭腦，既開農場又養雞，未來還能賣雞蛋。」

農夫聽了雙眼發亮地說：「這一次一定再賺一筆！」

可是過了兩個月，他垂頭喪氣委靡地出現在店裡，我好奇地問：「您上次不是說要種有機蔬菜和養雞嗎？怎麼垂頭喪氣的？」

「唉，別問了，雞全被狗咬死了。」

「什麼？狗不是已經訓練好了嗎？」

「頭兩天我在農場顧著，兩條狗乖得很，第三天我以為沒問題，所以回家睡覺，誰知道早上到農場一看，兩條狗的嘴巴全是雞毛，五十隻雞的屍體橫七豎八地躺在地上。」他嘆氣說：「唉，看來不能再養雞了，可是搭棚子得花一、兩百萬，這筆錢要去找誰湊？」

我想了想說：「我講一個故事給你聽；以前我曾經撿過一條剛出生的流浪狗回家，當時家中已經有一隻成年的貓，體型比狗大，時常欺負小狗；過了兩個月，狗長得比貓大了，不過狗還是很怕貓，成天被貓追著跑；又過半年，狗已經比貓大了好幾倍，牠們反而成了好朋友。你要不要用這樣的想法再養一次雞？」

果農一愣一愣地說：「什麼意思？」

「這一次您先養雞，再養狗。小狗看到一大群雞，會認定雞是環境的一部分，牠們就不會去咬雞了。」

「是喔？好像很有道理。可是現在這兩條狗要怎麼辦？」

「先退給賣狗的人，等到以後有新生的小狗，再跟他買兩條幼犬。」

「好，我聽你的。」

一年多以後，他突然來電話說：「秦老闆，文旦已經收成了，趕緊來拿。」

「什麼？可是從台北到八里好遠。」

「哎呀，我都幫你準備好了，快來吧！」

由於他盛情難卻，於是我只好跨上摩托車直奔八里。才剛到他的農場，兩隻健壯的比利時狼犬隔著大門狂吠，忠心地守著後面滿滿的雞群，目測超過一百隻。果農滿臉堆笑地遞上一大袋文旦和蔬菜說：「秦老闆，你真聰明！我先養雞，再養狗，雞成了主人，狗是來賓，所以連一隻雞都沒被咬。不但如此，別人家的雞被野狗咬死好幾隻，我們家的雞仗著這兩條狗看著，一點事情都沒有。連偷蛋的蛇都被牠們咬死了。」

先養雞？還是先養狗？就猶如經商的大哉問：「應該先提升品質？還是先壓低價格？」

這也讓我又想起了另一個故事，我有一位開麵館的鄰居，開業時每碗牛肉麵訂價一百六十元，起初生意挺好，但是扣掉原料和租金，每一碗麵的利潤有限，因此老闆決定改採較便宜的肉，降低原料成本。慢慢地來客數降低了，老闆左思右想，認為競爭對手訂價更低，吸引食客變心，於是將每碗麵降至一百二十元，人潮一度回流，但是沒過多久，回頭客愈來愈少。

老闆一籌莫展，於是找我商討對策。他說：「客人真難討好，俗又大碗很難兼顧，差的肉客人一吃就知道，但是換回高級的肉，賣一百二十元實在根本賺不了錢，賣一百六十元又太貴，該怎麼辦呢？」

我跟他說了先養雞還是先養狗的故事，最後問他：「你覺得應該先壓低價格搶生意？還是先顧品質慢慢經營？」

他搔搔頭說：「照說要選價格比較低的，才有客人上門。」

「你要不要從結果判斷呢？要是價錢低，但是品質不好，客人沒多久就不上門，即使提升品質，還是難以吸引客戶回籠；另一種作法是定位高品質，價格沒辦法降低，但是未來生意規模上升時，反而可以降價。簡單來說就是，如果一天賣五十碗時沒辦法降價，要是一天賣三百碗，當然能調降，對不對？」

「可是我怎麼可能賣到這麼多？」

「當然現在沒辦法，不過真的有些名店一天可以賣到三百碗，是不是？」

「是啊。」

我繼續分析：「所以說，一開始別考慮價格，先講品質。即使價格與別人相同，但是品質和服務比人家好，自然會有客人上門。你再想想看，你這輩子吃牛肉麵可曾遇過降價的嗎？幾乎沒有，對吧？可是若等到做出口碑後，品質不變，反倒再降十元，到時候各方饕客肯定會蜂擁而至，如此不就兼顧了品質與價格嗎？」

有些商人算準消費者貪小便宜的心理，罔顧品質，專攻低價，但是時間一久，終會抵不過考驗，尤其現在網路資訊如此快速與流通的狀況下，終會失去人心。其實品質和價格不是矛盾問題，而是次序的問題；先專注品質，再考慮降價，正是兩者兼顧的祕訣。

向假貨學道理

人不是神，人有七情六慾、有貪嗔痴，所以常常會被有心人編織出的美夢給騙上當，該如何避免「假作真時真亦假」的狀況在自己身上發生，最簡單的方式就是「看輕、放淡，不要太執著」。

「假作真時真亦假，無為有處有還無。」這段話出自《紅樓夢》，人生有真有假，不應太過執著於真假問題。

這麼多年的當鋪工作下來，我發現通常來找我鑑定的人，手上拿的是假物的機率較高。但有趣的是，他們都不認為手上的東西是假的，而且甚至比販售此物給他們的人還堅信東西是真的，這點實在奇妙。

例如，我有一位客人買了宣德爐*，不僅夜晚常拿出來把玩，還四處看書研究，鑽研到自己都研發出了一套理論，簡直已經到了能夠出書的程度了。當他把宣德爐拿來給我鑑定時，滔滔不絕說了二十分鐘，說它有多神奇，夜晚還會發光，肯定是真品中的極品……然而我一看就知道是假的，卻被他執著的態度折服，話一直哽在喉頭說不出口，讓我不禁感慨：假貨竟然比真物更有學問。

戳破別人的美夢是一種罪惡，但我又不能不說真話。其實，這位客人所犯的錯誤是一般人常見的，在做功課時，最重要的不是只針對該物查資料，更應該要對該寶物的「時代背景」做研究才對。舉例來說，很多人拿二十公分見方的漢璽給我鑑定，那一看就知道是假的，因為漢至魏晉南北朝的璽只有三公分見方，二十公分見方的璽，要明清以降才會出現。只要搞懂時代背景就能馬上知道真偽。

當然，假的東西會被說成是真的，自然也有真的東西也可能被說成是假的。有時候，我委婉的以「你的東西和故宮的不一樣」暗示對方的東西是假貨，沒想到對方卻回答我：「故宮那個可能是假的。」我反問：「為什麼？」「因為這東西得來不易啊！」接著就劈哩啪啦說了很多故事，精采程度完全不輸印第安納瓊斯冒險歷程。只是當我繼續追問他如何知道這段故事？通常也會得到這樣的回覆：「賣我的人跟我說的啊。」

人不是神，人有七情六慾、有貪嗔痴，該如何避免「假作真時真亦假」的狀況在自己身上發生，最簡單的方式就是「看輕、放淡，不要太執著」。不要按圖索驥，看書買古董，那不過只是瞎子摸象，抱著「尋寶」的心態，就很容易把假貨當真品；應該要抱持「學習」心態，怡情養性。如此一來，就算買到假貨也無傷大雅，而且，也有可能會買到「真品」。

怎麼說呢？舉例而言，我很喜歡買彩券，過年時節送人，有時搭計程車也會送

＊又稱「宣爐」，特指明代宣德年間宮廷鑄造的銅質香爐。有別於常見銅器，宣德爐由黃銅鑄成，為中國晚期銅器中最為重要的一類。

給司機，但我從來不冀望會中樂透，這就是標準的「假作真時真亦假」。就像我們同事之前合資三萬元買刮刮樂，最後一張大獎也沒有中，我絕對相信一定會有人中了，只是機率實在不高。就像我相信，大多數人都買不到真貨，因為真的古董要花很多錢，還需要一點緣分才辦得到。

緣分很重要，我曾經遇過一位拾荒人，他撿了一堆古畫找我鑑定，結果其中一幅水墨畫竟然是「南張北溥」的溥心畬真跡，市價高達二、三十萬元。所以，切記不要從「一定會買到寶」、「愈看愈像寶」的心態出發，做人亦如此，不要總想著自己會突然飛黃騰達、會有莫大好運降臨，腳踏實地勤耕耘比較重要。

商業行為會改變，但商業道德永恆不變

時代進步了，有些行為會跟著因應而改變，但有些舊有的好觀念卻不能改，例如：商譽。買東西常常買的是一種心情，讓客人有了好的感受，才是經營的長久之計。

今日科技發展迅速，連帶也改變了人們的消費行為，然而，或許商業模式會與時俱進，不過商業道德永恆不變。

曾有一位觀眾看到我在鑑定寶物的節目中說起A貨翡翠（天然質地且天然色）與B貨翡翠（經過酸洗漂白處理，但仍是天然色）的價值天差地遠，突然想起二十年前花了上百萬買下的一只翠玉手鐲，於是像是福至心靈地帶到我店裡鑑定。

不測還好，一測發現竟是B貨。他想到二十年來竟將B貨當成寶，心中氣憤難耐，於是找上仍在經營的老字號賣家討公道。

賣家看了鑑定書，無法否認鑑定結果，竟然脫口而出：「誰說B貨沒價值？那個秦老闆在電視上混淆視聽，為的是炒作A貨、貶低B貨。」

不僅如此，賣家甚至更打了電話向我興師問罪，意指我讓他做不成生意。我錯愕地告訴他，天然的寶石經過人工優化處理後，已經無法辨別原來的模樣，即屬於人工寶石。這道理很簡單，就像經過整容的美女看不出原貌一樣。所以只要經過優化處理的寶石，價格一定會比天然寶石低，甚至只有原來價格的百分之一。

當然，真貨的標價見仁見智，可是假貨不值錢卻是常識，硬要說我炒作真貨貶低假貨，實在不合邏輯。況且，過去鑑定技術不成熟，我自己也曾經發生看走眼的經驗，並非故意賣假貨，而是無心之過。既然發現賣出去的東西有問題，原價買回就是了，不讓客人損失，也不傷及商譽，委實合情合理。雖然我如此建議，但賣家仍是很不開心。

事後買家還要求我幫他伸張正義，我搖搖頭說：「你找賣家負責合情合理，但是當初我沒幫你仲介這筆交易，買賣時我也不在現場，所以沒有立場介入，只能勸你以後買東西要謹慎。」

二十多年前，銀樓、珠寶店對於玉石的判斷多半仰賴老師傅的眼力，當時的鑑定中心也沒有足夠的財力投資大型的光譜儀等專業機具，只能憑藉顯微鏡、分光儀、測鑽器等簡單的儀器輔助，無法百分之百確認品質，因此誤判時有所聞。這幾年，更精密的檢測儀器紛紛出世，客戶再次檢驗才發現品質不如真品，當然可能上門退貨。遇到這一類事情，我們一概受理。

也因此，我的店舖始終都秉持一個原則：因為我們全賣二手貨，所以只要顧客不滿意，我們全面回收，只酌收翻新的工本費。不但保障了品質，連顧客的心情也保證。

我常跟客人說：「我可以鑑定寶石的品質與真偽，可是我不能保證你戴了以後打麻將包贏、走路不跌倒。但是若你買回去打麻將放炮、走路跌倒，甚至被公婆罵，我統統退錢。買東西就是要開心，萬一有壓力，不如拿來退。」

時代進步了，有些行為會跟著因應而改變，但有些舊有的好觀念卻不能改，例如：商譽。因為它是生意的生命線，即使如今網購、電商紛紛興起，資訊流通加倍快速，一不小心會更容易招致惡評鋪天蓋地而來。

對商人而言，進貨難免遇上瑕疵品、銷售總會犯錯，若失誤了只能歸咎自己學藝不精。不過一定要為經手的商品負責，而不是東西出去了就不關自己的事了。買東西常常買的是一種心情，讓客人有了好的感受，才是經營的長久之計。

惟精惟一

抱持著「惟精惟一」的信念，不管目標是宏大還是卑微，只要堅守，就能成為該領域專業的達人。上天是公平的，只要對目標努力追求的人不放棄，祂就不會放棄那個人。

有一天，我搭計程車去台大上課，司機認出了我，直說是我的粉絲，因此聊了起。只是聊著聊著我卻發現，其實他也是我的中學同學，但我記得他家境很好，應該是某家企業的二代，可是不好意思問他。

沒想到，他自己就先說了他的故事。他說大學畢業之後，開過三家公司：餐飲、食品工廠、塑膠廠，也當過房子、車子的銷售員，幾乎每三年就會換工作，總是覺得「會有更好的機會在等著我」。因此，只要遇到挫折他就遞辭呈。

他說完他的故事，我也差不多抵達目的地了，剛好當天EMBA上課的內容講到一句話：惟精惟一。呼應起我的高中同學的經歷，我覺得自己的成長過程，也可以用這四個字來形容。

關於惟精，當兵時，我被派任至汽車機械保養廠當補給士，連車都不會開的我，常常被人嘲笑，受盡折磨三個月。當時我偷偷跑去營部裡的圖書室裡讀書，把架上約五十本的汽車修護專業知識書籍，用半年的時間全部讀完。

某一天，有部車壞掉了，許多專業的技工都束手無策，技工長表示引擎得換一顆全新的才行。但我看過之後發現電氣系統沒問題，只是供油系統是噴射的，這和其他國軍化油器的汽車並不一樣，所以，我把噴油嘴取下，用高壓氧槍全部噴過再裝回，汽車就順利發動了。那一刻，所有的技工頓時眼睛一亮，都把我當成神一樣崇拜，後來我還當上了保養廠的廠長。

而過中年後，我想念大學，但連高中都沒有畢業，所以我先在空中大學念五年，然後考上了台大管理學院。以我這個歲數，坦白說念書的確有點吃力，但我還是堅持念了七年書。我做了數十年當舖生意，不斷充實自己，以前對古董文物是外行，我就到處蒐集資料，和古董商來往，還去大陸的博物館學習。這是我的惟精。

關於惟一，則是對自己的定位堅持。

前天我接到了一通電話，對方邀請我擔任一間拍賣公司的總經理。據對方所言，這間公司是陸資，資本額有十億元以上。我聽了，感覺很榮幸，但也覺得惶恐，為什麼對方會來找我？我真的有這個能力嗎？對方希望我能詳加考慮，一週內給答覆，我掛了電話後，思考了三十分鐘就回電話了。

我謝謝對方給我這個機會，能夠在國際公司擔任高層職位，對ＥＭＢＡ剛結業的我來說是一種榮幸，但這份工作與我的人生規畫有所牴觸，再三感謝後，我只能選擇婉拒。

為什麼我會做出這麼快的決定呢？那是因為我覺得「個人的定位很重要」。就像船一樣，一定要有航行的目標，不然就會在大海中迷路，甚至被大海吞噬，若是半途才要換目標，也很容易上演怒海迷航記。

大約二十五歲那一年，我在工作上受了很大的挫折，很想轉換跑道，想找一個名聲好，前途光明，有賺錢前景的事業。幾經徬徨、猶豫、思考，半年後，有一天我睡覺起床時突然覺悟了，我應該要繼續做這份工作，儘管這份工作不怎麼輝煌光彩，但只要繼續做，一定會有所成就，即使換路走也不見得會比較順遂，也就是在那時，我定位自己要成為一位當舖界的第一把交椅。

然而這樣的定位是有難度的，當時當舖界人才濟濟，我這個小夥子啥也沒有，只不過做了定位的決定讓我彷彿吃了定心丸，不再隨便想東想西，工作更加專心，遇到挫折也較無怨言。

等過了十年後我回頭看，更加確認自己的定位很正確，因為不少身邊的朋友這十年間換了很多工作卻依然一事無成。雖然我在很年輕的時候就成功定位了自己，但能力呢？能力其實與定位是息息相關，惟一與惟精密不可分。

我從一個初入行的當舖學徒成為當舖公會的理事長，是經過不斷地學習、與人分享，從困難中找到答案才得以不斷前進的，只要目標不改變，能力不斷地增長，就像一輛火車朝終點奔去一樣，偶爾略有休息，但不會換軌也不繞道。我心無旁騖，一心只想完成我的職志，所以我能把資本額四十八萬台幣的一間小當舖，變成如今可以說是全台灣除了公營當舖之外，最大的當舖。

現在許多人最大的問題就是好高騖遠，定位定得好遠大，卻沒有實踐的耐力，凡事以金錢為唯一目標的高談闊論，然後什麼也沒做，不久就都放棄了，最終委身於不喜歡的工作，有的只是一堆安慰自己的理由。

日前，一位朋友的兒子來找我，他是交大畢業，我問他在什麼公司上班？原以為他會說工程師或是在實驗室工作，結果他回我「在演舞台劇」。說實話，當時我很驚訝，他是個從小念書就名列前茅的孩子，順著好學生的發展一路考上了交大，但卻一直到了大學畢業後他才開始思考自己究竟喜歡什麼。

他花了半年的時間去當志工，體驗社會，偶然參與了一個小劇團的演出，沒想到表演藝術打開了他的心，徹底愛上舞台劇，甚至，他打算接下來去英國進修舞台劇。

和他聊過之後，我覺得他的定位也很好，定位的首要條件是要熱愛目標，其他的事情就交給老天爺，只要能夠不間斷的自我提升，能力自然就準備齊全。有能力又有好的定位，這輛列車肯定會衝過終點，滿載而歸。

偉大的成功者，是要面對自己，不是別人。

前美國總統林肯曾經考驗過一個小女孩，他要小女孩在不走回頭路的情況下，在河邊撿到一個最大的石頭，就給她獎賞。小女孩沿著河邊找了非常久，結果最後竟然撿了一顆超級小的石頭回來。原因很簡單，這就是人性，總是覺得手裡的不是最大最好的，繼續走才會撿到更大的石頭。

其實人生的道理很簡單，只要努力就會有回應的：娶一個老婆、做好一個事業、有一個健康的身體，好好經營都會有好的發展或結果。

抱持著「惟精惟一」的信念，不管目標是宏大還是卑微，只要堅守，就能成為該領域專業的達人，像現在有很多電競比賽，台灣的隊伍都有不錯的成績，玩電動就要玩到全世界最厲害。上天是公平的，只要對目標努力追求的人不放棄，祂就不會放棄那個人。

鍛鍊，是競爭的基礎

人世間沒有不勞而獲的事，不要妄想著禮物會從天上掉下來，要懂得花時間才能得到成就。鍛鍊，是競爭的基礎；競爭，是生存的法則，此言唯真不變。

過年前，我去參加了一場尾牙，和榮總醫師表演了一段數來寶，下台敬酒時遇到一位朋友，他問我：「在電視上幫人鑑寶是天賦嗎？」憑良心說，在電視上幫人鑑寶的確是真需要一定的功力，對各種文物都要有既專精又廣泛的認識，因為你完全不知道別人會拿什麼東西給你鑑定，必須隨時做好準備。

回到家後，我躺在床上忍不住回想，我這身鑑寶工夫到底哪裡來的呢？十二歲當學徒啥也不懂，上頭總有經理、老朝奉會看，出錯都有人會扛。但當老闆之後，第一次當黃金就被騙，為此還哭了三天，實在不懂黃金該如何鑑定？

有人說「真金不怕火煉」，把黃金拿來燒一燒就會真相大白；還有人建議用瑪瑙刀刮，假黃金會露出白色；甚至是連用鑽頭鑽它，或是剪開它的話都有，但這些破壞物品的行為，客人怎麼可能會接受。

為此我請教了一位鑑定黃金超過五十年的老師傅，他說：「用手掂一掂就知道啦。」

那種感覺就好像食材在廚師的手上一般純熟又了然於心，原來，「經驗」也是一種鑑定的能力。從此之後，我天天手上都會把玩著一種金飾、金條、金元寶，連晚上睡覺也會拿著一條金項鍊在手上，甚至會和朋友借「假金飾」研究，例如，鍍金的、貼金箔的，試圖感覺不同金飾品的重量，當時就連朋友都笑我「玩具竟然是黃金」。

就這樣大概持續了五、六年的時間，某日有個客人拿了條黃金項鍊來當舖，我一拿在手上就跟對方說是假的，客人很生氣，還跟我賭，如果是假的，他把頭剁下來給我；如果是真的，我要賠給他新台幣一萬元。

我二話不說就拿剪刀把這條金項鍊剪斷，果不其然，裡面是鉛，他嚇得目瞪口呆。從此，我用手感鑑定出的黃金贗品不下百件。

我當老闆之後第一次當鑽石也被騙，因為燈光差且沒經驗，以為是真的鑽石，結果是蘇聯鑽。於是也開始到處問人如何鑑定鑽石，有人說用導熱儀、分光儀就沒問題，我花了四萬五千元買了儀器，結果還是當到假貨，原來歹徒早已經破解這兩種儀器了。

於是，接著我又開始蒐集大家的說法，有人說把白紙畫上一條線，然後把鑽石放上去，如果看不到線就是真鑽；還有人說鑽石有聚油性，只要滴一小滴油在鑽石切面上沒有散就是真鑽……說法紛紜，門派眾多。

最後，我再度找了一位老師傅，他也是一派輕鬆地說：「一看就知道了。就像賣魚的人看魚，只要看多了，一眼就知道是否新鮮一樣。」

因此，為了看更多的鑽石，我到一間鑽飾加工廠毛遂自薦，擔任把鑽石依照大小一一分類的工作，每天下班就去當免費勞工，從晚上八點做到十二點，一做就是六年多，看了超過二十萬顆鑽石。

因此也練就出日後只要有人來我當舖典當鑽石，我一看就能知道真假的能力。某回一個客人帶著鑽石上門，我一看就覺得鑽石有異，但用導熱儀、分光儀測卻都顯示為真鑽，但就是仍感覺到不對勁。最後我用放大鏡一看，才發現是呈雙折光現象，（單折光才是真鑽），果然是顆假鑽。

當時對方聽了很生氣，不相信這顆從珠寶店買來的鑽石會是假的，拿去寶石鑑定中心，確實為人造鑽石「摩星石」。當年摩星石才剛出來一個月，根本沒人知道防範，同業更有人被騙了三十多顆，損失上百萬元，只有我沒上當。

事實上，除了黃金、鑽石，包含手錶、有色寶石、翠玉等，每樣東西我都曾經花費多年的時間去研究，最後才能有今天的本領。人世間沒有不勞而獲的事，要懂得花時間才能得到成就。鍛鍊，是競爭的基礎；競爭，是生存的法則，此言唯真不變。

世界上好聽的話，十之八九都是騙局

許多人都喜歡憑感覺做事，不尊重管理原則，慣用主觀意識辦事，時常把那些送禮兼美言的人當好人。因此會自己先蒙蔽了自己，才讓那些伺機而動的騙子有機可乘。

我有個客戶張先生被廠商騙得團團轉，廠商手腕很高，不斷送名牌包、請吃米其林餐廳、招待出國，甚至連張先生身邊的朋友都被免費招待，讓張先生對他非常信任。

但一段時間之後，廠商卻開始積欠貨款，原本一個月就要結款，卻多拖了半個月，讓那位向來財務健全的張先生只得跑到我這裡調頭寸。一開始我沒有說什麼，但隨著張先生來我這裡的頻率愈來愈密集，我建議他要好好思考現金流的問題，但張先生依舊替廠商打包票，認為對方只不過是一時手頭緊而已。

接著有一天，張先生突然非常驚慌地跑來當舖裡，口中說著「要趕銀行三點半」。原來，又是廠商食言而肥，對方也連繫不上。

為此，我又跟他再次強調，應收帳款應該要有一定的原則，逾期多久就該斷貨，不然很容易被拖垮，張先生聽完一句不吭，悶著頭就離開了。

沒想到，不久後就聽聞廠商真的「跑路」了。張先生到處追人，運氣不錯的他，找到了幾位有力人士把廠商逮到，而且也找回了一部分的錢和貨，稍微解決了張先生的危機，降低不少損失。事後張先生拿著錢來我這裡贖回他的東西，講到追回廠商的事情講得眉飛色舞，但我腦海裡卻想起了另一個故事。

很久以前，有個富人蓋了一間新房，落成時請全村的人來吃宴席，此時，一位老者發現新房的煙囪下方擺放著許多木柴，他擔心煙囪裡的火星會不小心飄落下來引起火災，老者好心的告訴富人，但富人絲毫不以為意。

沒多久，果然被老者料中，新屋發生火災，原因就是因為火星飄落至木柴導致大火。全村的人都提水來救火，順利的平息了火災，富人為了謝謝村民的幫忙，特地又辦了盛大的宴席，只不過，奉為上賓的是救火最賣力的人，並不是老者。這故事就是「徙薪無恩，焦頭為上」此語的由來。

現代人往往不愛聽忠告，喜歡憑感覺做事，不尊重管理原則，慣用主觀意識辦事，時常把那些送禮兼美言的人當好人。當然我不是指說好話的人都是壞人，因為其實追根究柢，最大的禍源是「自己」，是自己先蒙蔽了自己，而並非那些伺機而動的騙子們。

就如同這位客戶便是因為吃人嘴軟，所以當廠商要求要延期付款時，原本他應該要拒絕的，但他卻一口答應，自毀管理承諾，讓一間公司差點倒閉。而且，他對於我這種提早對他發出警告的人完全不重視，就像假如富人提早接受老者的建言，把木柴移開，就能避免一場火災的發生。

管理就是如此，是一種預防勝於治療的概念，因為管理會發出警報，指出漏洞或缺失。延伸至人際關係上也是同理，大家都喜歡聽好聽的話，但世界上好聽的話，十之八九都是騙局，因此，假如你身邊有人願意從客觀角度給你建言，這是一種天大的福氣，請珍惜並重視。

拒絕的原則

每個人都會遇到無法拒絕的時候，可能是礙於人情、禮貌，但只要有原則就能避免矛盾。因此學著制定出自己的原則，事先把原則說清楚，就能打破要不要拒絕的心理矛盾。

過年前，有個朋友帶人來找我，他們拿了一些瓷器、字畫等文物，要我幫忙鑑定，他們沒有預約，但因為我時間上還充裕，就幫忙看了。結果不看還好，一看竟發現結果他們帶來的董其昌、唐寅作品全是假貨。我照實說，結果其中一位臉色鐵青，甚至發飆說我是江湖術士，判斷有問題。

其實鑑定見仁見智，我有我自己的鑑定角度，例如，唐寅是明朝中期的人物，他畫在絹紙上的用墨用印，一定會有風化痕跡，但那人帶來的畫作裱裝，卻像是在民初時期做的。我甚至還找資料比對給他看，但對方根本不接受，愈罵愈兇，罵了二十多分鐘，最後落得我只能道歉，卑躬屈膝的把他們請走。

過年後，又有一個沒有預約的朋友帶東西來找我鑑定，我以沒有預約而婉拒，對方竟然說：「你幫我看一下會死嗎？」我只好回答：「好吧，我幫你看。」

但是他帶了一大群人來，這就很有問題，因此我請他們先推派兩位代表參與鑑定，也真巧，他們推派的人選，剛好就是買賣雙方。他們拿了一塊寶石的原礦石來鑑價，經過儀器檢測，我回答他們：「這是原礦石，但價格我不清楚。」買家問我該不該買？我回答沒有把握，請他再找其他專家；賣家則一直問我價錢，因為他要賣一千萬元。

事後我朋友還打了電話來責怪我，為何沒有給明確的答案。但其實我的答案就藏在話語中，我說「沒把握」、「我不懂」就表示東西有問題，只是對方沒聽出來。那的確是一個原礦石沒錯，但不是賣家所說的那種原礦石，市價只值幾萬元而已。

拒絕，真的是一門高深的學問。拒絕的方式有很多，拐彎抹角、直言不諱、假裝不會都可以，但我這麼多年的經驗下來，發現最重要的其實是：「何時接受，而何時又該拒絕？」對我而言，看到貨真價實的東西我也能獲益匪淺，假東西則讓我意興闌珊，但提供鑑價服務是我的工作，拒絕確實有違服務的本質。所以，我後來決定，盡量不要拒絕，但講話一定要有技巧。

上個月，又來了一群沒預約的人，鑑定之前，我先花了十分鐘「開示」，我說：「我鑑定都是免費服務，抱著『做公益』的心態，答案不見得正確，所以來鑑定的人不能生氣，會生氣就沒有下一次免費鑑定了。」等大家都同意了我才開始，因此這次鑑定賓主盡歡。

有時候要拒絕別人很難，可能是礙於人情、禮貌，但只要有原則就能避免矛盾，就像我鑑價也有兩個不變的原則：一、為避免為人背書，絕對不幫廠商鑑價；

二、絕對不迎合買賣雙方的立場說假話。

每個人都會遇到無法拒絕的時候，因此學著制定出自己的原則，事先把原則說清楚，就能打破要不要拒絕的心理矛盾。

工作的「歡喜心」

工作的態度可以展現出一個人的特質。或許你現在在做的並不是自己喜歡的工作，但所有的工作都一定可以學習到什麼。不要把工作當成是一份無奈，而是用歡喜的態度去面對，唯有這樣才可以學到東西。

許多人不知道，其實我對日本並沒有什麼好印象。可能是因為課本教材的緣故，最初對日本的印象是在國小時，同學去日本參加世界童子軍大會師，讓我很羨慕，但我卻因為家裡很窮去不了。

直到二十多年前，我第一次去日本東京，當時就很驚訝那裡的發展是如此的先進繁榮，才得以改觀。而後來去日本的次數變多了，才更進一步理解到造成日本先進後面的原因：日本人工作得很勤勞、俐落，而且年紀大的人都還在上班，以勤勞工作為榮譽，人人都懂得「自食其力」的道裡，不像台灣規定六十五歲者必須退休，不退休還會被人說是「賤命一條死要錢」。

今年二月去我去了一趟日本越後滑雪，後來在逛百貨公司時，看到了一間有當地特色的糖果店門口有不少座位，便借坐休息。當時一旁的餐車上有位約莫二十來歲的年輕女生正賣力地在叫賣著糖果，她不斷地用無比開心的語調和笑容對我們介紹她手中的糖果有多好吃，還邀請我們試吃。

太太會日文，我雖然聽不懂，但卻一直在位子上偷偷的觀察這位糖果銷售員。有時候整個大廳都沒有人，她也依然像錄音機一般不間斷地放送她的熱情，重點是，臉上始終掛著開心的笑容，果然陸陸續續就有不少人被她的叫賣聲吸引而消費。三十分鐘後，就連不吃糖的我也上前跟她買了一些糖果，因為深深地被她所感動了。

這是日本教育成功之處，讓人不認為叫賣很低賤、是一份求人的工作，但是在台灣，很多人在叫賣時態度消極，或是好像有人拿槍指著他一般的無奈、僵化且沒有情感。台灣人缺乏「歡喜心」，樂於工作的人很少見，日本人有歡喜心，所以連叫賣都充滿了生命力。

我很少喝手搖飲料，有一回受了風寒，到住家附近的手搖飲料點裡點了一杯薑茶，沒想到，卻是一次令人不悅的消費經驗。這家手搖飲料店有著漂亮的店面、先進的飲料設備，服務人員卻從點單到給飲料都不曾正眼看我，毫無感情的一杯飲料冰冷地送到我的手上，而沒有客人之後，店員們就自顧自地開始滑起了手機。

我想起了三十多年前的自己，面對當舖裡舊的K金項鍊、老的雷朋眼鏡、壞損的相機……這些流當品實在不好賣，但我很用心地用布把眼鏡擦得像鏡子一樣亮，用小木槌螺絲把相機修得完好如新，把這些東西放在店裡顯著的位置，一有機會就滔滔不絕地向人販售。那時的我，稱不上是擁有「歡喜心」，只不過是被那股想賺錢的欲望驅使著，當然也比不上日本那位糖果店叫賣女孩。

也許日本小女孩是有獎金制度，賣愈多她就能賺愈多，才會如此賣力的叫賣；而台灣飲料店是給員工時薪，飲料賣得好也不會加薪的情況下，讓店員沒有動力為公司多付出一分心力，可是即使是我面對台灣其他服務業務工作性質的人，依然看不到那一股對工作的熱忱，只會背地裡罵上司，轉過身後怪罪同事和客戶。

工作的態度可以展現出一個人的特質，所以我也相信那位日本的叫賣女生不會一輩子都從事賣糖的工作，以後一定會去大公司當職員，甚至成為高階的主管。就是因為她在工作時的「歡喜心」，充滿了自信、熱情，這樣的人讓我覺得未來有著無限的可能。

或許你現在做的並不是自己喜歡的工作，甚至可能是迫於金錢壓力才不得不選擇這份工作，但所有的工作都一定可以學習到什麼。不要把工作當成是一份無奈，而是用歡喜的態度去面對，唯有這樣才可以學到東西，日後若有機會就可以把學到的運用在工作中。

二、關於金錢

——能夠富有的人都不是偶然成功，是因為他們懂得管理金錢。管理是門學問，需要研究和實踐

人在天堂，錢在銀行

這輩子沒有緣分賺大錢真的沒有關係，很多事情知足常樂，只有心態知足了，才會想到回饋別人，錢賺得不多，那就降低物欲。培養自己的生活情趣，取悅自己，愉悅別人，從中得到快樂。

前陣子，有一個住在台北東區的有錢人跳樓輕生，新聞裡寫著這個人高職畢業，畢業後就從事黑手工作，後來自己創業車床工廠，幾乎大半年都睡在工廠裡。當時對於這則新聞有點印象，但沒有放在心上，但後來輾轉得知，原來我認識這位往生者。

約莫在二十年前，他曾經來找我周轉過，只是隨著後來他的生意愈來愈好，就沒再來過。他跟我很像，小時候苦過、窮過，所以非常拚命地賺錢。有幾次，在一些公開場合我遇到他，恭喜他生意如日中天，他卻推說有錢都是別人講的，他自己依然開爛車、吃東西隨便吃，平常都沒有休閒嗜好，每天只有埋首工作，只是不小心買到好幾間黃金地段的房子。

前年，他發現身體有狀況，就醫檢查竟是胰臟癌，聽朋友說起後，我特地打了電話安慰他，電話中的他很沮喪，只是怎樣也沒想到之後竟然會厭世選擇跳樓。

據說，他的財富高達有二、三十億元，而胰臟癌雖然有凶險，但現代醫療很進步，應該還有機會醫治才是。沒想到拚了一輩子賺那麼多錢卻花不到，令人不勝唏噓。

當舖很像醫院，不同的是，醫院是拿藥救命，來當舖的人是拿東西換錢救事業；而相同的卻是，只要問題解決了，就不會再登門。也因此，我看到許多人都是這樣，努力地賺錢，卻痲木的生活著。

最近有位客戶來找我周轉，他幾乎天天都在跑三點半，為錢事傷透腦筋，讓我忍不住找他深談，請他調整腳步，考慮把事業體縮小？還是少賺一點錢？不然，就算有一天他解決了錢事，身心也大受傷害。

只是他聽完我的話非常不解，「錢還有少賺這回事？」事實上，賺得多自己如果花不到，有什麼意義？留給兒孫嗎？其實兒孫不見得會感謝你，甚至還會因為分配不均而鬧上法庭成為家醜一樁。

計程車司機為了一百元的車資大打出手、大老闆為了幾百萬元跳樓自殺，絕大多數的人，都會認為自己的錢不夠用，很少人會滿足於財富現況，這是人性的貪婪。可是，錢真的這麼好用嗎？年輕時，我們用時間換金錢；年老時，我們用錢卻換不到時間和健康。賺錢真的不能只抱持「積穀防飢」的心情，當一隻不停把食物往嘴巴裡塞的倉鼠。

這輩子沒有緣分賺大錢真的沒有關係，很多事情知足常樂，給自己一點小確幸，只有心態知足了，才會想到回饋別人，錢賺得不多，那就降低物欲。或者是在賺錢之餘，培養自己的生活情趣，取悅自己，愉悅別人，從中得到快樂。

幾年前，我發現了自己一隻耳朵聽力變差，一開始很沮喪，但現在已經想得很開，上天對我已經很寬厚了，拿走一、兩樣東西，我依然要心存感激，繼續把生活過得有滋有味。不然，心態不滿足，錢賺得到卻花不到，人在天堂，錢在銀行，這是多麼扼腕的一件事情啊。

先看清錢，然後管理錢，最後才能駕馭錢

能夠富有的人都不是偶然成功，是因為他們懂得管理金錢。管理是門學問，需要研究和實踐，尤其是實踐，往往充滿了痛苦，有些你很想買、吃、穿、用的東西，都得揮劍斬情絲去除欲望。

我有三個孩子，前兩個孩子上大學時，我會給他們零用金，但規定他們必須記帳，錢用光了要把帳本拿給我看，確認沒有問題後，我才會再給他們下一筆零用錢。兩個孩子因為深怕被斷了金源，乖乖照做，直到現在出了社會依然保有記帳的習慣。

但老三去年上大學，對於「記帳換生活費」這件事情卻很「抗拒」，他認為我為何不能信任他？我告訴他，金錢是嚴肅的問題，不容小覷，不管有沒有人監督都應該要記帳，因為這是人生管理的一部分。

我有個朋友在捷運局上班，月薪約四萬元，要養妻子、兩個女兒和岳父，還得付房貸，因此非常節省。他每天通勤是騎單車上班，一年才換一次一百多元的內胎，而皮包裡永遠只放兩百元。

前年他來找我，說他女兒上大學了，我想請他吃飯表示恭喜，結果他竟然說要請我吃飯，我調侃他說：「兩百元能吃什麼？」但沒想到他竟然說：「我請客的預算有兩萬元。」

他說，這兩萬元是他日積月累存下來的「公關費」。這一聽我很驚訝，他又說，在他的金錢管理下，不只公關費，連置裝費、保險費、旅遊費等，都列入規畫。因此，他結婚二十五年從沒跟人借過半毛錢，生活小康，精神大富。

相對另外一個客戶，從事進口車買賣，月收入兩百萬元，照理說，他應該是一般我們認定的上流社會有錢人。但他喜歡住豪宅、吃五星級飯店，出國搭商務艙，三不五時打一場輸贏不小的麻將，林林總總的支出，讓他每個月都會捉襟見肘，偶爾會拿收藏的名錶來周轉，他是我見過「最難為情的有錢人」。

與我的捷運局朋友相比，兩人的收入相差四、五十倍，但是收入少的快樂過日子，收入多的卻為錢疲於奔命。

我給老三說了這兩段故事，我告訴他，人生有錢沒錢多少和命運有所關聯，唯一能在人生起伏中依然開心過日子，不為逆境所困的祕訣，就是「看清金錢，並進一步的駕馭它」。每個人管理錢的方式不同，記帳就是個最基礎簡單的選擇。

有錢的人都不是偶然成功，是因為他們懂得管理金錢。管理是門學問，需要研究和實踐，尤其是實踐，往往充滿了痛苦，有些你很想買、吃、穿、用的東西，都得揮劍斬情絲去除欲望。

對金錢的管理是一種責任產生榮譽感的學問，不管是誰的錢，都要懂得管理妥當，善盡管理的義務。尤其是從事當舖業，我見過太多不善金錢管理的人，很可惜，在浩瀚的時間長流裡溺斃了這麼多英雄豪傑。因此，管理金錢，不可不慎。

借必思；借必查；借必諧；借必還

說到錢就容易傷和氣，但人生卻也脫離不了跟它關聯。借錢倫理的最高指導原則就是「有能力還者當借入，有胸襟捨者可借出」，脫離以上原則就會成為社會亂源。

中國人喜歡講倫理，雖然做不做得到是另外一回事，畢竟家家有本難念的經，但至少「倫理」依舊是做人的基本道理，一種隱形的道德約束。

借錢也有倫理，如果不遵守倫理，債務人就會變成借錢不還、愈借愈多；債權人會因為錢收不回來，徒增自己的財務問題，或是傷了彼此的和氣。不管是債務人或債權人，都應該要想想以下四個借錢倫理要點。

①借必思：我為什麼要借錢？

很多人缺錢就會借錢，但事實上有些錢是不應該借的，例如，要拿來揮霍、不當投資的錢，這種錢不借就不會引發一連串事端，除了思考「為什麼要借錢？」，也要想清楚自己「有沒有能力還錢？」。

②借必查：為什麼要跟我借錢？

當別人向你借錢時，你要思考「對方為什麼要跟我借錢？」。如果你只是貪圖利息而把錢借出去，完全沒有探查對方的還款能力，十之八九未來會有糾紛。

最有名的「借不查」案例，就是十幾年前銀行發行現金卡事件，為什麼還在念書的學生、沒有收入的阿貓阿狗，銀行都敢不查明就借錢？如此一來，債務人還不出錢，只能像老鼠一樣躲在陰溝裡不敢出來，銀行討不回錢只能列呆帳，雙方都是受害者。

③借必諧：借錢要借得開心

不管向誰借錢，往往都會傷感情，就算是跟銀行借錢也會發生這種情況。很多時候，不見得只有不還錢才會情感破裂，有時候甚至都還了錢，感情依舊會產生裂縫，因為，借錢的人沒有想到利息這麼沉重，這時候，朋友、感情全都沒了。

④借必還：榮譽重於生命

從事當舖業的我，幾乎每天都能看到因為借錢不還而引發的糾紛、訴訟，債務人沒有衡量自身還款能力，最後只能鋌而走險，挖東補西；債權人沒有探查借錢者的還款能力，最後落得人財兩空。

若遇到那種「愈借愈多」或「還款不正常」的人，我通常會明示或暗示對方不要再借了。

總而言之，借錢倫理的最高指導原則就是「有能力還者當借入，有胸襟捨者可借出」，脫離以上原則就會成為社會亂源。

我聽過最感動的真人真事，是我的一位客戶，他的朋友向他借錢，但他的財務能力沒有很好，也不好意思回家和妻子要，就把自己的手錶脫下拿去當舖當，他把錢和當票交給了朋友，說：「如果有一天你有錢了，記得把錶贖回來還我；如果沒有錢，記得我這樣幫過你就好。」

這是我聽過最好的借錢倫理，完全不傷筋動骨，回家說個手錶掉了的善意謊言，頂多被妻子念兩句，卻能幫上朋友的忙，多好。

價值與價格

人活著開心很重要，因此自認有價值的東西，除非買不起，可以不必計較價格問題。但價值與價格是截然不同的事，一定要分清楚兩者的差異，人生才會過得快樂。

最近新聞提到幾位電視節目上的鑑定老師備受質疑，有人說鑑價太高、也有人嫌太低，甚至被嫌疑真假不分，我猜想這類新聞以後恐怕會層出不窮，而這也讓我重新審思「價格」與「價值」間的差異。

所謂「價值」，是指該物品在擁有者心中的地位，無法以數字表達，只能用言語來形容，例如「我最愛的、最值得留念的……」這種有價值的物品比較主觀，例如，一張兒時照片，對別人來說可能一文不值，但對你而言，卻是能掛在牆上珍藏一世的寶物。

不過卻有很多人把自己認為「有價值」的物品拿來鑑價，以為可以得到很高的評價，這是個錯誤的觀念，有價值的物品無法以「公平群體性」對待，因為公平群體性通常是社會價值，而非物質價值。

前些日子有記者問我，為何在節目上把一顆簽名籃球價格鑑得很低？但這就是價值的問題。對熱愛籃球的人而言，那不僅是一顆普通籃球，但是對多數人而言，它不過就是一顆籃球。雖然上頭有明星球員的簽名，但仍會與粉絲心目中所想的價格有所差異，不能因為別人不認同你心中對該物的價值，就認為別人其心可誅。

一個老公事包、舊水晶杯，甚至是古老的雷朋眼鏡，其價值我們難以評估，但價格卻能夠判定。舉例來說，名貴的LV包，剪掉標籤後，就是個舊包包，價格立即折半；一條金項鍊戴在脖子上，可能戴一百年也不會跌價。

我幫人鑑定物品時，是依當時物品的品相、二手市場價格及受歡迎的程度來評定。這其實是一件很困難的事，因為新品的價格都很難確認了，更何況二手物品。為何我說「新品的價格很難確認」？舉個例子，我曾在東區的某市場上各買一顆蘋果、水梨、芭樂，要三百二十元，覺得好貴，一氣之下跑去大賣場，買了同樣的東西才花一百八十元。由此可知，同樣的東西是有可能不等價的。

三十年前買的黃寶石，每克拉約十萬元，如今只有兩萬元，因此若現在拿此物來給我鑑定的人聽了肯定不開心。但若真的要賣，其實兩萬元都不見得有人買，因為黃寶石已經不再風行。

因此，價格也是主觀的個人評定結果。鑑價，是參考了價值與價格的變異性評估，很難落槌認定，這也是大多數科班出身的珠寶鑑定師，使用非常專業的儀器鑑定物品的真假優劣，但絕不會提示任何與價格有關的資訊。

這也讓我想起了約莫在三年前，我騎重機經過德國柏林，逛了一個假日市場遇見的事。當時有位老太太正在賣自己的收藏品，剛好有一位英國人正在與她對話詢問物品細節，我就靜靜地站在一旁聽著。原來，其實這位老太太家境不錯，但老伴和子女都不在身邊，而一週以後，她就要去住養老院，養老院畢竟不是家，這些琳琅滿目的收藏品只好拿出來賣。

我對其中一個音樂盒很有興趣，假日市場非常吵雜，但這個音樂盒的音樂就像是現場交響樂演奏一般，非常美妙。問她要賣多少錢？老太太一開始沒有回答，我以為她沒有聽懂，再問一次，老太太才面色為難地說，她實在很不想賣這個音樂盒，因為這是她六歲時父母送給她的生日禮物。

老太太雙眼泛著淚光，我跟她說，既然捨不得賣，就收起來吧。但老太太說，養老院不准她帶音樂盒過去，怕會吵到別人。原來這個音樂盒對老太太而言無比珍貴，沒有價格可言。也因此，日後我對音樂盒便燃起了興趣。

恰巧在三個月前，也有位老太太拿了一個皮箱的珠寶和裝飾品，堆滿我會議室的長桌，請我一一幫她鑑定。她也是因為要去美國住養老院，而遠在美國的子女們都不想要這些東西，嫌老氣，因此透過很多管道想把這些東西銷出去，只差沒去擺攤。

人最終都會需要「歸零」，自己不懂得先歸零，還要麻煩別人收拾遺物，其實是造成別人的困擾。

然而有趣的是，這兩位老太太的遭遇南轅北轍，德國老太太的東西，精緻又有藝術氛圍，還有不少手工品和當代名畫家年輕時期的作品，大家搶著要，她卻捨不得賣；反觀台灣老太太的東西，不外乎水晶、琥珀等菜市場都看得到的物品，她雖然一樣都不想留，卻一樣也賣不出去。

很多人總是拿一堆東西給我鑑價，問他們：「為何買這麼多？」大多數的人都是說：「看到就買一點，零零碎碎的買。」像這樣的物品，買來是為了要開心的，既然開心的效果達到了，又何必要求要有投資效果呢？若是買來投資，不如買價值比較高的寶石，不僅較為精緻，屆時賣一件東西也比賣五十件簡單多了。

我一輩子經手過近上百萬件的商品，其實有一個小小的建議可以給大家：自認有價值的東西，除非買不起，可以不必計較價格問題，活著終究開心最重要。但反過來說，若是別人認為有價值的東西，則要盡量保守些。君不見那些滿懷希望上電視要求鑑寶的人，大多都是鎩羽而歸。

價值與價格是截然不同的事，其出發脈絡不同，結果也不同，一定要分清楚兩者的差異，才不會瞎買，人生也才會過得快樂。

感情會淡，但錢不會，不要用感情深厚去計算錢

只要是感情，都會變淡的，感情淡了可以散，但錢呢？錢不會。所以最後會引起許多糾紛，和朋友有金錢往來時一定要留一手，你是普通人，不是神。

會來當舖的人，大約有百分之三十是因為「突發狀況」，就像守規矩的人開車，依然有機會被不守規矩的人撞到一樣，躲也躲不掉。相對的，另外百分之七十進當舖的人是因為「自我管理不善」。

所謂「自我管理不善」，可分為思想、行為以及感情三個方面。思想管理不善的人大都故步自封，充滿迷信觀念，巴不得天降橫財，有的人天天做發財夢。我有

一個朋友，每個月都要花一萬元買刮刮樂，刮得自己滿身是粉，只賺三百元；行為管理不善的人，愛刺激、愛享樂，常常寅吃卯糧，有的喜歡賭博玩槓桿；還有一種是感情管理不善，像很多來當舖求援的人，都是身陷感情漩渦，明知不該借對方錢，還是把錢借出去了。

一位醫師就跟我說，他有一位老員工，跟了他三十多年，家裡房子要被拍賣掉，讓他於心不忍，就借了三百萬出去。「你借他錢，他的問題真的解決了嗎？那你的呢？會不會他不還你錢，結果你也得按鈴申告拍賣他的房子？」我忍不住問他，醫師聽完一臉恍然大悟，但他旁邊等著要借款的老員工則氣炸了。

當然，最多的還是為了愛情而借錢的人，熱戀男女蜜裡調油，金錢往來往往不思後果，倘若情海生波，不僅有感情糾紛，還有金錢糾葛。

千萬要記得，只要是感情，都會變淡的，感情淡了可以散，但錢呢？一開始用嘴巴要，後來用刀子要，不管是之前的情殺案或最近的分手傷害案，都是因為感情牽扯金錢。可見，感情管理不善會有多可怕。因此，我都勸因為感情而來當舖的人，借出去的錢要當作沒了，可別想要拿回來。

人生管理不善，用智慧就能看開。金錢方面要量力而出，學習滿足於合情合理的報酬。另外，反思是智慧之源，要常常想，我會落入這樣的境地，是不是因為我哪件事情沒有做對？這種檢討是針對自己，不是別人，否則另生反效果。

我在舊作《29張當票③》中有提到一位舞國紅星小梅，長得國色天香，但人生管理不佳，當別人拿錢逼她就範後，委屈的她就把錢都給了一位對她百依百順的男人，沒想到，這個男人竟把錢拿去捧別的女人，她所託非人，又常被男人拳打腳踢，萬念俱灰之下跳樓身亡了。

還有一位酒國紅伶，與小梅完全不同，她曾被男人騙過一次，從此不相信男人，三十八歲就退休，有七間房子出租。她依然有感情生活，但若遇到不對勁的男人，就把對方的行李打包放在大門口，然後自己帶著行李出國旅遊一段時間，完全不給男人騙她錢的機會，終身都很快樂。

所以，一定要做好自我管理，保護自己，替自己留後路，和朋友有金錢往來時一定要留一手，你是普通人，不是神。不要用感情去計算錢，這不只是說不要把情感當成是利益般看待，更重要的是，不要因為感情的深厚就支付了超出自己能力範圍的舉動。

人生起伏線貪多是害己

人生裡的許多危機都是起因於「貪」，因為貪念的心會造過度自我迷信，做了錯誤的判斷，例如，迷信攻城掠地才是發展的王道，等到出了問題，都說是別人的問題。

最近有一家著名的連鎖珠寶店歇業，由於這間店曾赫赫有名，突然之間兵敗如山倒，著實是一件很恐怖的事。而在我小的時候，也曾遇過類似的事情。

小學六年級時，常看到我父親深夜猛敲算盤結帳，面前支票疊了二十公分厚，邊算帳邊笑呵呵，那是父親事業的巔峰期；但等到我國中三年級，父親的事業從雲端跌至谷底，一夕變色。

當時每天都有債主臨門，父親常在河邊走來走去，嚇得我媽命我跟緊著父親，怕他做出縱身一跳的傻事。只是由於當時年幼，所以其實並不了解為何好端端的生意會一瞬間就翻轉。

我自己開始經營當舖後，看到許多人的起伏，不少有名望的人，失敗的原因都是因為貪多，想以小搏大，玩槓桿，玩到自己進了當舖求現金過難關。後來我自己慢慢領悟出來一個道理，許多非富即貴的人之所以會失控，最後來到當舖，都是因為「過度自我迷信」。

「過度自我迷信」會讓管理成效跟不上營運速度，例如，展店太快，若人才、現金流不足，一旦使用槓桿方式，秉持著「熬得過就是神仙，熬不過就變小鬼」的心態去經營，是大錯特錯的事。千萬不要以為那些堆在倉庫的存貨都是資產，管理得好才是資產，管理不佳就變成是負債，看看台灣老字號的那些企業，展店從不求快，都是穩紮穩打建立江山。

以我自己的當舖為例，從早期的六家店收到現在只剩下兩家，不展店還要收店的原因，就是店少好管理。同時，高鐵已經把台北到高雄的距離，在時間上縮短為台北到桃園了，有需求的人自然會搭高鐵來找我，沒有必要還得台中、高雄四處展店。

我的客戶有百分之七十是珠寶商，他們若到銀行借不到錢，就必須要透過我取得現金，我也常告誡他們進貨一定要保守，不見兔子不撒鷹，千萬不要貪多，很傷脾胃，寧可小做，積沙成塔，方能長久。

人生很多危機都是因為自我迷信，迷信攻城掠地才是發展的王道，等到企業出了問題，都說是別人的問題、員工的錯。但事實上，就算是員工監守自盜也毀不了一家企業，真正的問題還是老闆本身，有絕頂智商，卻沒有足夠的管理能力。

我從事當舖業約四十年了，現在回頭想，也明白了父親當年的失敗其實也是因為過度自我迷信。他的成功是由貴人相助堆疊而成，但成功之後如果還是靠人治，而非以制度來管理，一旦貴人不在就會走下坡，就像當年蕭何對劉邦說的：「大王可以馬上得天下，卻不能馬上治天下」，是一樣的道理。

人生的起伏看似命運操弄，實際上都是自己造成的，我鑑定珠寶文物，但從來不幫人介紹買賣，因為若我介紹張三賣東西給李四，結果李四沒付錢，讓我被張三怪罪，何必呢？

也因為我堅持不賺這種現成的錢，讓我能夠站得住腳，立場正直且超然。人生起伏像是三溫暖，從事商業更需智慧，這是一門藝術，並非只靠鬥智謀略，有時也須人情世故的融入，最重要的是，絕對不能貪多，因為貪多的心會容易造成過度自我迷信，把餅畫太大了就會自食其果。

三、關於態度

——所謂的「貴人」並不是指給你名利，而是透過他的行動和言語，讓你學到智慧，能殺出一條血路

從「跪人」到「貴人」

所謂的「貴人」並不是指給你名利，而是透過他的行動和言語，讓你學到智慧，能殺出一條血路。唯有充實自己，去思索自己每一次「為何當跪人」的原因，才能當自己的貴人。

每個人都想遇到貴人，甚至很多人認為，自己就是沒遇到貴人，才會倒楣一輩子，尤其，來當舖的人很多都是抱著這種心態，這些人怨嘆自己遇不到「貴人」，只能四處求人，反倒讓自己變成了「跪人」。

我是開當舖的人，更是親身感受到許多人迫切想要擁有貴人的那種心情，讓我也不禁想問：貴人究竟打哪裡來呢？

我發現，其實貴人很多。第一個貴人就是父母，這種貴人對你幾乎有求必應，別無他求，只有一個缺點，就是愛碎碎念。我想起我的母親，她是個重男輕女到無可救藥的人，對於我的願望，她從來不拒絕，就算她根本做不到，她也會編理由讓我不會那麼難過。

小時候，我的身高總是班上最矮，和母親抱怨，她說：「你還會長高，不用擔心，你看你爸那麼高。」等到高中，同學都高我兩個頭，矮個子的我連女朋友都交不到，母親安慰我：「放心，我二十多歲嫁給你爸時，那時你爸也矮得不得了，結婚像陣風似的長高了。」

後來我結婚了，有一天和太太去健檢，竟發現太太高我一公分，讓我氣得要命，回家怪罪母親，母親又說：「孩子啊！其實山東人有兩種，一種很高大，被人當牛使喚，只能種莊稼，啥大事也幹不了；另一種個頭小，但特別聰明能出將入相，你說說，你想當牛嗎？」我聽了啞口無言，也深知母親即使做不到，也會在口頭上讓我不難受的心意。

我的另一位貴人，是在外島當兵時的士官長。他非常兇，只要沒達成任務，不是罰跪就是被揍。那時我們負責的空壓機，零件常常青黃不接，我被士官長要求去領料，但補給士卻說他們也沒有。我被士官長罰在烈日當中時罰跪，跪不到十分鐘就中暑昏倒了，幾位同僚想盡辦法讓我甦醒，沒想到我醒了，長官卻要我再去領料。

我被人轟回來，長官又揍又羞辱了我一頓，親自帶著我去找對方，一進門就把當初說沒有料件的補給士狠揍一頓，然後，說也奇怪，「零件」就「有」了，那晚，我被罰跪兩小時。

退伍後，我經營當舖，總會遇到小流氓，拿破東西恐嚇我要當三至五萬元，這時候我就會想到那位士官長的「氣勢」。我把流氓架在牆上，溫和的告訴他：「我沒有錢，只有命一條，下次再讓我看到，不是你沒命，就是我沒命。」從此以後，再也沒有人敢來鬧事，當年讓我跪下來的人，就是我的貴人啊！

貴人不是給你錢，而是透過他的行動和言語，讓你學到智慧，能殺出一條血路。

中彩券、娶到有錢人家的女兒、認識某人就能升官……這些都只是痴心妄想，不會替你帶來貴人，唯有充實自己，武裝自己的人，或是想通自己每一次「為何當跪人」的原因，才能當自己的貴人或是別人的貴人。

不管是當「跪人」還是「貴人」，這都是人生過程中不可避免的角色，當「跪人」時懂得反思，才會有機會成為「貴人」；同時也不忘要努力讓自己多幫助別人，也成為別人的「貴人」，「回饋」才是人生存在社會中最大的價值。

最壞的時候，正表示是開始變好的時候

最壞的時代，往往也正是最好的時代，人會老，但是商業不會老。很多傳統行業到了窮途末路時，正是柳暗花明的開始。人生也是這樣，以為是絕境了，但其實是正要開花結果的時候。

上個月我騎重機經過嘉義台三線中埔路段，彎道旁有一間聞名重機界的「阿婆灣甘仔店」。這間店為什麼赫赫有名？那是因為店門前每天都有大批的重機騎士呼嘯而過，開店的阿婆不堪其擾，天天在門口比中指幹譙：「騎那麼快！」「去死好啦！」久而久之，大家都稱她「幹譙阿婆」，甚至還有人會特地去找她拍照。

在幾十年前，這類提供小市民民生日用品的雜貨舖比比皆是，但到了現在只剩下在偏僻的路段，才會偶爾發現一、兩間，市場早已被便利商店占據。雖然同樣賣生活雜貨，不過在便利商店裡還可以坐下來喝杯咖啡、上廁所，甚至成為三五好友的集合地點，讓單純的交易行為增添了一份溫馨。

隨著時代時間的遷移，有些行業逐漸沒落，也有些蛻變成新的行業，比如說Uber就是一例。過去的計程車外型只有千篇一律的黃色，而司機的服務態度參差不齊，甚至有時還會搭到疏於保養的車款，車子裡還有股掩蓋不住的膩味。這一些為人詬病的問題，因為Uber的出現而有了重大突破，不需要靠行，一般人只要有手機帳號、有車，工作時間可以自己決定，隨時都能上路賺錢。而其中的評比功能，更成了品質篩選的保障。

計程車與Uber、雜貨店與便利商店，一個是老行業，一個是新希望，當老行業想要繼續生存，需要大膽突破，否則末路就會成了絕路。

以我從事的當舖業來說也是一樣，存在了一千四百年以上的當舖業也面臨同樣的挑戰，過去當舖被譽為窮人的ATM，帶著值錢的東西上門就能變現。不過，後來缺錢的人連能當的資產都沒有，只能到錢莊型的當舖拿命換錢，而錢莊只會從三方面評估顧客：年齡不會太大、看起來不會病懨懨的、手上有沒有工作？符合條件就能借個三萬五萬，未來靠工作還錢。

再到了近幾年，由於金融業蓬勃的發展，消費者可以到金融單位預支，甚至連錢都不用帶就能到世界各地賺錢，操控金融工具的方法百花齊放，往日靠買賣信用的借貸，慢慢演變成網路銀行的功能，再也沒有人臨時缺錢上當舖應急。因此傳統當舖只能坐困愁城，走上末路。想要成為新希望，需要另外一種突變。

於是我嘗試將當舖轉型成商品價值的鑑定平台，媒合珍稀精品的交易。比如有些人珍藏了一輩子的精品文物，想傳給後代怕晚輩不識貨，帶進棺材裡又太可惜，打算脫手卻不知上哪裡賣；而同時也有一群對古董文物趨之若鶩的潛在買家，雖然身懷鉅款又怕被遇上詐騙，此時就需要這樣的平台存在。

因為這一類交易涉及真偽的鑑定功夫與大筆的金錢為保證，絕不是在網路上看一段介紹影片就能了事，所以買賣雙方需要值得信賴的專業鑑定單位。以此觀點，當舖就成了最具優勢的行業，運用過去累積的專業知識與商譽，從鑑定商品再出發，轉向鑑價保證。

同時，因為人口變化，資源分配變得格外珍貴，有些資源可以循環回收再利用，例如，工業廢品、特殊金屬等。不過，貴重的珠寶、文物或精品，又有誰能回收呢？而「回收」正是當舖業的基本精神。

記得有一回，一位客戶上門買流當品，剛好我從旁邊經過，聽到他不斷挑三揀四，我心想嫌貨才是買貨人，於是拉把椅子坐下來跟他聊了一下，才知道他已經逛了好幾家珠寶店，卻一直沒看到滿意的珠寶。

他問我說：「流當品都是舊的，卻沒有比別家的新品便宜多少，這是什麼道理？我為什麼要掏錢跟你們買？你能說服我嗎？」

我望向櫃檯小姐，她露出詞窮的神情。於是我說：「好東西才會愈舊愈值錢，不好的東西一擺就壞了，所以好東西沒有新舊的問題。」這一段話完全出乎客戶的意料，於是我接著又說：

「例如，鑽石、紅藍寶石、祖母綠等寶石永遠是新的，連拋光都不用，價格還隨著時間水漲船高；還有一些限量手錶，當初賣三、五十萬，現在花上三、五百萬都買不到，因為製錶的工匠早已作古，數量只會少不會多，所以傳世的工藝品能保值，這是其一，第二是價格高不高全因人而異。但是我可以告訴你怎麼買才算不貴，一般的買賣銀貨兩訖，可是你買了我們的流當品，若是不滿意，我用八折回收，這樣還貴嗎？」客戶聽完這兩點分析，二話不說就掏錢。

這樣的對話場景時常在當舖裡上演，恰巧就展現了珍奇寶物因為資源缺乏，交易次數愈多，價值就能不斷上翻，高價精品的回收與保證，正是當舖業的另一個走向。

這是最壞的時代，卻也是最好的時代，人會老，但是商業不會老。很多傳統行業到了窮途末路時，正是柳暗花明的開始，我相信還有許多的新興行業將從舊行業破繭而出，衷心期待蛻變的發生。

清理生命裡的垃圾

每個人都會面臨很多生命中的「原罪」，可能是家庭、健康，或是難以改變的逆境，這些都是垃圾，丟不掉。但世上有許多人，因為「情緒垃圾」不斷破壞自己純淨的心靈。

很多人問我：「你都快要六十歲了，現在才紅，會不會太晚了點？」其實這個問題我在心裡已經思考過許多遍，早已有答案。

自從十二歲第一次掀起當鋪的門簾後，我就和這個行業結下不解之緣，但我始終背著兩個「垃圾袋」在身上：一個是自公元四五〇年起出現當鋪事業至今，累積多年的負面形象；另一個垃圾袋則是來自向當鋪求援的失意者，他們帶來了龐大的負面情緒垃圾。

一般人對當鋪有很多誤解，最近還有一位老師問我，當鋪業是不是很喜歡「流當」（逾期不贖）？然而其實不然，當鋪如果流當率高於百分之二十，就會由金融業轉變成銷售業，成本將會大幅提高，營運肯定會出問題；而流當率趨於零的話，反而才能獲利。就是因為外界的不了解，所以我在這幾年才會積極出書、上電視，目的就是想扭轉大家對當鋪的負面印象，希望大家有更真切的認識。

而這兩個垃圾袋，其實從我退休後就可以拋開，但實在不忍我的學生還要在這樣的環境下養家活口，我希望他們能挺起腰桿子做生意，別像我的孩子，小學時都不敢跟人說爸爸是開當鋪的。

但同時我心裡也清楚，人與人之間只要有「金錢關係」存在，十之八九會不如意，所以我也很清楚知道，這兩個垃圾袋我無法丟，只能減量。

我的垃圾減量工程，最重要的是改善當鋪的經營方式，展現誠懇和專業，並且主動關心客人。這麼多年來的工作經驗讓我認知一個真理，那就是人在飛黃騰達時，說話很假；但在失意落魄時，說話卻很真。會登門來當舖的人多是不如意的人，丟「垃圾」的客人留下了負面情緒，帶著愉悅而歸，本來就是當舖的社會功能。因此我也非常願意多給客戶一些關懷，提供義務性免費的貨品鑑定，減少民眾上當吃虧的機會。

每個人都會面臨很多生命中的「原罪」，可能是家庭、健康，或是難以改變的逆境，這些都是垃圾，丟不掉。雖然可以對人傾訴，但也不過只是把垃圾「複製」給別人而已，自己依舊沒有放下。在這樣的時候，特別要防的是「鑽牛角尖」，此一行為就是在製造垃圾，尤其是遇到金錢和感情的問題，垃圾產生的速度更是奇快無比。不鑽牛角尖，不增加垃圾，其實也就是一種垃圾減量的方法。

大家都以為我很圓融，其實我自幼就自命不凡，常常得罪人。十二年前，我被趕下當舖商業同業公會理事長一職，當時很不能接受，花了一至兩年的時間，終於想通了，重新和會員們積極往來，改變孤芳自賞自以為是的觀念。但對於當舖經營的求新求變求正義，並沒有因為這樣而停止，因此在十二年後，我被聘回台北市當舖商業同業公會擔任榮譽理事長，這就證明路遙知馬力，垃圾減量可以走得更遠。

每天來自四面八方的客戶，他們帶著喜、怒、哀、樂到當舖來，讓我學到人生聚、散、得、失的無常，也讓我深深體會到每個人都有自己背負著的包袱，即使是外表看似光鮮亮麗的人也是。許多包袱或許無法完全卸下，但卻要去思索出減輕負擔的方式，不鑽牛角尖，讓自己活得更自在開心。

失敗的徽章

成功不難，難在如何捱過失敗的歷程繼續挺步往前走。年輕所擁有最好的條件就是「無限的鬥志和年輕的體能」，所以，千萬不要怕失敗，只要最後能活著、站著掛上這些徽章，都是光榮且值得歌頌。

一般人對成功頌揚，對失敗詛咒，尤其是年輕人，不曾經歷成功或失敗，滿腹希望能早一點成功，看到台積電張忠謀總是心生欽慕，感慨自己沒有機會成功。

這讓我想起，自己年輕的時候也會這樣，茫然，對於追求成功不知所措，只希望快點賺到人生的第一桶金。但年紀稍大才明白，常常就連要把事情做到滿意都很困難了，更何況是這樣具體數字的成就。

前陣子我和一個朋友吃飯，雖然他是商場上的成功人士，但平日很低調不多話，只是在酒酣耳熱之際話就聊開了。他直說他的個性很衝、嫉惡如仇，往往太求表現而和同事格格不入，被老闆炒魷魚好幾次。

再後來，三十八歲時創業，做成衣的進出口事業，第一筆交易就被坑，進了一整個貨櫃的衣服卻是廢布，他賠了一大筆錢，差點要跑路。還有一次，他銀行的信用狀開不出，違約被外國客戶提告，也讓公司差一點倒閉。

聽到他這段不為人知的過去，我很是訝異。不過當他在訴說這段往事時，我也發現到他臉上有很多堅毅的刻痕，這是許多成功者背後不為人知的失敗所留下的傷痕，除非是含著金湯匙出生的人，否則大多白手起家的人都會如此。

他還提到有一次他被我們共同的一位朋友騙了一筆錢，當初他要借這筆錢給朋友時，還跟意見相左的太太吵了一頓架，但他仍是瞞著太太偷偷把錢借了出去，沒想到事後那個朋友還真的沒有還錢，讓他差點和太太離婚。

每一次事件都是一個徽章，像一張通行證，沒有這些通行證就無法通往成功。現在的他已經是國內知名的成衣大亨，過著人人稱羨的打高爾夫球、吃米其林餐廳的生活，而這樣的生活全是靠著往日大小戰役拚搏到最後，仍舊穩穩地挺立著，沒有被打倒，才能有今日的成就。

就像我從事典當事業也一樣，這份職業不為人所喜歡，我也曾經經歷第一個典當物品就是假貨，眼淚只能往肚子裡吞，別人的安慰也幫不了我，只能勉勵自己多學習，自我進修避免下一次上當。

只是人生很難說，究竟會不會有下一次也很難講，畢竟人終究不是神，判斷事情總是會受到情緒的影響。我曾當過汽車，卻是報廢的車子，虧了很多錢；也曾經被客戶的花言巧語蒙騙，給了超過正常典當該付出的金額……這種被出賣、踐踏的感覺很不好受，但就像上了一門課。這課上完就會得到一枚徽章，代表我經歷了一場戰役。

身上掛著很多徽章的人不見得會成功，但是成功的人一定擁有很多徽章。成功不難，難在如何捱過失敗的歷程繼續挺步往前走，我常和年輕人說，他們擁有最好的條件就是「無限的鬥志和年輕的體能」，所以，千萬不要怕失敗，只要最後能活著、站著掛上這些徽章，都是光榮且值得歌頌的。

失敗或上當都不是壞事，重要的是要從裡頭學到教訓，如此便可以把壞事變成了一件好事。

你以為的終點，其實是轉捩點

面對困難，不妨把它當成是人生的一個關卡而已，怎麼闖？唯有靠自己，因為就算真的遇到所謂的「貴人」，也只是讓你過關過得比較輕鬆而已，往後的難關還是要自己努力才能解決。改變思考模式，命運就轉了。

很多人不知道，其實每個人只要到過當舖後，就會很容易成長。因為會來當舖的人，多半是陷入了走投無路、彈盡援絕的處境。

以前，我的恩師老朝奉拿了一本《隋唐演義》給我看，我讀到大唐開國二十四功臣之一的秦叔寶時運不濟，被迫當鐧賣馬外，還被當舖老闆奚落，那時我正輟學在當舖當學徒，因此更加深有同感。就算是一名英雄好漢，在困境時依然會一「窮」莫展。

所以，我開當舖後常勉勵人：「當舖絕對不會是你的終點，過了這個難關，後面還有陽關大道可走。」很多客戶也因此都對我很感念。

過年前，有一位太太拿了幾項東西給我鑑價，我看過之後告訴她，東西的價格都不高，應該當不了多少錢。沒想到這位太太當場痛哭，原來，她的兒子被逼債，人被押走了，她想多當一些錢去救兒子。

我安慰她吉人自有天相，也心軟決定幫她一點忙。但我問明欠債金額後，發現我當給她的錢，實在連「塞牙縫」都不夠，便勸她與債務人聯絡，好言相談，看能不能先還一部分，把人先放回來過年，之後再看怎麼償還債務。

這位太太果真現場打了電話，我也幫她與對方溝通，一問之下才知道，對方根本沒有抓她兒子，甚至直言：「我們抓他或打死他，也沒有辦法拿到錢啊。」對方非常願意協商，太太聽聞這才破涕為笑。後來那位太太打了電話給我，說她已經先還了部分的錢，躲在花蓮的兒子也回家過年了。

向當舖求救的人非常多，其中有一大部分是染上了不良嗜好的人。我自己也曾窮過，口袋掏不出一百元，但是窮歸窮，還是要腳踏實地的賺錢，不能只想著一夕發財。

記得二十五歲剛結婚不久時，每天都為了籌措會錢（互助會）愁眉苦臉，四處借錢，甚至一度想放棄工作。但後來想通了，這不過是人生的一個關卡，怎麼闖？唯有靠自己，因為就算真的遇到所謂的「貴人」，也只是讓你過關過得比較輕鬆而已，往後的難關還是要自己努力才能解決。

因此我深信，走進當舖是人生的轉捩點，不是終點。甚至換個方向思考，其實當舖可以幫助理財觀念有問題的人，解決燃眉之急。有時候，當舖也像是一間醫院，提早讓你知道你的「財務病況」，如果懂得及時調整，就有機會挽救命運。開當舖的人，也要有療癒人心的效果。

人在家鄉日日好，出門在外困難多，但要記得，缺錢不丟臉，不怕欠人錢，只怕不還錢，不還錢是一種恥辱，也是一種不好的擺爛態度，和債務人好好溝通如何還錢才是負責任的方法。而進當舖不盡然是壞事，只要調整態度，未來的路一定會愈走愈廣。

被利用的價值

不要拒絕成為被人利用的人，哪怕自己實際也需要付出一點代價，想想這就是天生我才必有用，利用自己的長處，也懂得挖掘別人的專長。能被利用，從另一個角度來看應該要備感榮耀，最糟的是對人毫無利用價值。

有個記者打電話給我，問我關於當舖業的操作規定，而當我回答請他參考「當舖業法」時，他很驚訝地說：「當舖竟然有專屬的法律規範？」於是順勢問我當初立法的過程，聽完之後，他反問了我一句話：「你為了當舖業法出這麼多力，得到什麼？」

他的問題讓我一愣，沒錯，我花了畢生最大的精力、智力和最珍貴的體能推動這件事情，卻得到了許多負面的回報：理事長連任失利、被狡兔死走狗烹的無情對待、被特偵組起訴偽證，在在都讓我心神俱疲、失望透頂。

心裡總想著，假如我把這些時間和精力投注在我自己的事業上，一定會有更大的收益，不知道可以賺多少錢，再怎樣也不會搞得自己身心俱疲……甚至覺得自己是被利用了。

直到有一天，我突然領悟到，以當時的環境而言，當舖業法要立法成功，捨我其誰！那時候的我有理想、有體能、有專業知識、有求勝決心，全台灣唯有我有這份能耐，我不做誰做？回想當舖業立法推動之時，有人看到我就故意繞道而行，好像我是過街的老鼠一般；甚至我也一直記得，有些立委對我推動當舖業法嗤之以鼻，認為當舖業只是社會的寄生蟲，不值得民意代表投入時間和努力幫忙立法。而更可悲的是在立法成功之後，我就像宴會後的殘羹剩肴般地被人掃至角落，處境堪稱落水狗。

然而那一段勇於挑戰自己，面對困難和奚落依然昂首前往目標的日子，現在回想，卻是我這一生最大的成就。

我想，雖然「被利用」是一種不好的感覺，但如果時光倒流，我仍然會做一樣的選擇。因為，人能被利用，從另一個角度來看應該要備感榮耀，最糟的是對人毫無利用價值。想想看，就連人死後「樹葬」，都能滋潤大地，對這個環境有利用價值。

舉例來說，有年輕人工作方面遇到困難，他們來找我請教，需要我的看法和經驗，我把累積的智慧與他們分享，也許很花費個人許多時間，但我覺得這段被利用的過程很喜悅。

被人利用雖然無償，但在被利用的人身上，其實是在打造另外一種成就。人不能太過功利，只想著不用付出就能得到利益，或是斤斤計較付出的多寡，而是要即便沒有直接的利益，但該做的事情就是要去做。因為你也是曾經利用了別人給的機會或是別人的人脈關係，才有今日的事業、成就或人生，被利用不過只是回饋給社會而已。

這世代有權有勢的人很厭惡被利用，不願意貢獻所能，其實，被利用是有價值的，只怕兩件事情，一件是被騙，這往往是因為恐懼或貪念才會造成；另一件則是無意中做出傷害個人群體的事情。

不要拒絕成為被人利用的人，哪怕自己實際也需要付出一點代價，想想這就是天生我才必有用，利用自己的長處，也懂得挖掘別人的專長，有被利用的價值才是真正的價值。

每個人都有不可承受之重

人生沒有完美的，難免會受到他人用言語攻擊，雖是不可承受之重，但千萬不要被其影響而跟著沉淪在情緒中，這樣會把自己一起給犧牲掉，要想辦法化解掉負面情緒才是智慧的表現。

有多少人，就有多少的思維模式，因此世界上每一個人衡量、解決事情的角度和方式都不同，例如，「沒錢」這件事情有人就認為是小事，孔子就曾誇讚過弟子顏淵身居陋巷「人不堪其憂，回也不改其樂」，但也有人認為是大事；而「離婚」這件事呢？有人痛不欲生，但也有人從此活出美好人生。

大部分來說，年輕時遭遇的困難，比較容易解決和消化，過了就忘了；但人到中年後，很多事情就會變得很執著。就像是別人對自己的觀感、名譽、不容失去的感情等，就像古人所云：「少年氣盛戒之在鬥，老年氣虛戒之在得。」

最近，我有一位珠寶商客戶，他的東西到期了，一直要求延期，這其實也是很常見的事。沒有什麼特別。但我也不能無限期等待，畢竟經營生意，原則很重要，於是就給了他一個最後期限。沒想到，這客戶竟然在電話那頭對我說：「你們開當鋪的都很勢利現實，不肯幫忙。」

這種話我聽了三十多年，以前有人說我們剝削、趁人之危、吸血鬼，我都不以為意，做生意嘛總是會有客戶不滿意，而且我那時年輕，可以不當一回事。但這一次，我聽了這客戶的話後很傷心，因為我很努力幫忙，給他更寬限的時間了，甚至告訴他，他可以帶客戶來看貨，如果能賣給別人賺點錢也是一件好事。

但在莫名其妙被罵了那幾句話，真的不懂努力這麼久了，為什麼還是有人會對自己經營的當舖有這樣的感覺？難道這樣的觀念已經根深蒂固？還是這是對當舖業的一種詛咒？

但若你仔細去思考，會發現當舖業和銀行其實並無不同。銀行對繳不出房貸的人一樣會緊迫催收，超過時間還拍賣房子；而當舖只是不做不動產，而事實上利率也很低，不像過去動輒年息百分之五十、六十。

大部分的人還是不太了解當舖的作法，認為當舖就是應該等，而且甚至認為當舖就是對抵押品有「垂涎」之意，才會故意刁難。但大家不知道的是，其實處理流當品是當舖業最尷尬無奈而且費時耗力的事情了，百分之六十的流當品都不好賣，因為大家不喜歡買二手貨，而為了賣掉流當品我還得花錢組織一個團隊，找個店面，還要想辦法把流當品弄得漂漂亮亮出售，光是這些成本就要上百萬所費不貲。

在盡心盡力給對方寬限並替他設想之後，竟換得客戶一句不領情的話語，著實讓我很難承受。這些負面的言詞，對一個積極改造當舖的人來說是很大的打擊，好像自己過去多年的努力都白費了。

為了此事，我在家裡想了兩天，最後覺得應該要採取行動。於是我召集公司領導幹部，向他們陳述我在這行業四十年所聽過承受過的各種負面言詞和情緒，我鼓勵他們，顧客的埋怨表示我們還有不足之處，但對此更要加倍維持合情、合理、合法的人性化ＳＯＰ流程，要把持著專業誠懇的態度面對客戶，不能因為情感面而本末倒置。

這套ＳＯＰ流程是：抵押品時間到了，先傳簡訊通知，沒有回應再傳一次簡訊，然後是打電話通知，如果還是沒消息再寄雙掛號通知，最後才會處理流當品，光這四個流程走完就要一個月了。可是，也唯有確實地做到這些步驟，才可以在顧及對方感受下，同時也維持了自己的原則。

人生沒有完美的，每個人都有自己的困難或是難以啟齒的陰暗面，甚至是外人無法理解的難處，因此受到他人用極端言語攻擊時，雖是不可承受之重，千萬不要被其影響而跟著沉淪在情緒中，要想辦法化解掉負面情緒才是智慧的表現。

愈往高處走，愈要如履薄冰

俗話說：「失去金錢的人，失去很多；失去朋友的人，失去更多；失去名聲的人，失去所有。」愈往高處走，愈要如履薄冰，要警惕自己需時時檢討自己的名聲，不可因權勢而生傲慢，忽略了顯而易見的危機。

每當知名店家出狀況，總有好八卦的人打電話問我為什麼發生這些問題？但這可讓我為難了，因為別人的事情，非身為當事人不能妄下斷語。

曾有客戶拿著寶石來找我，劈頭就說買得很便宜，我說：「買寶石不應該買便宜，畢竟羊毛出在羊身上，只有兩種可能是便宜的：一、來路不明；二、品質不好。挖寶石的成本和人力多得無法想像，哪能輕易地到你手上。原本價值五十萬的寶石，結果你只花了十萬，是不是哪裡不太對勁呢？所以你應該說這寶石看起來很好，幫我鑑定，這才是從理智出發，而不是貪便宜。」

這樣的狀況其實很常發生，每回遇到幫人鑑定寶物，遇到名不符實的東西時，我往往十分為難，只能委婉地說以前可能有價值，但現在不好說。很多人說我幫人鑑定會擋人財路，我不能說自己從未出過錯，但是面對說實話可能帶來的傷害，我的心中既疼惜又恐懼，只能說聲抱歉，但也衷心地希望貨主跟我年輕時一樣，能有一個事業起飛的機會。

我在創業之初，為了要達成目標，難免走一些捷徑，俗話說：「馬無夜料不肥，人無橫財不富。」只要不是太離譜，這一類事情無可厚非。不過，要是成功全靠不名譽的手段，總有紙包不住火的一天。

因為許多創業的開始都是販售一個美好的故事，不但自己相信，也讓投資人心甘情願掏錢，拿到錢之後玩槓桿，以一玩十，甚至以一玩百，換來更多的資金。面對高風險的投資過程，很多人想著頭過身就過，大不了一場空，反正虧的是別人的錢，這樣投機的心態就要命了。

要明白，投資要買的是合理利潤，不是買理想，成功得看本業的資本狀態、前景、管理得好不好等實際面，而不是光聽美好的成功計畫。

人從低處來不可恥，當初我從學徒開始踏入當舖業，同樣懷著夢想來，事業漸漸嶄露頭角時，也慢慢有一些金主願意借錢給我，然而萬一我任意玩起金錢遊戲，承諾的事情不能兌現，不也成了一個食言之人？生意起步時，可能做一些偷雞摸狗的事情，可是在社會上站穩腳步之後，應該要痛改前非，小心拉回名氣與實質的差距，正如〈先養雞？還是先養狗？〉一文中所述，顧好商譽與正派經營，是長期生存的唯一方式。

為何大眾苛責昧著良心的大企業？因為他們位居高位忽視社會道德，就像從小偷雞摸狗，長大偷羊偷豬，最後搶銀行。到了一個高度，更要謙虛，當自認不可一世，往往引來負擔不起的沉重，企業賺的是社會的錢，一旦悖離社會，可能引起一個全民的反對聲浪，所有的努力化為烏有不說，打開維基和Google，壞名聲將永遠長相左右，花再多錢都抹不掉。

愈往高處走，愈要如履薄冰。高處不勝寒，不是因為空虛寂寞，或是找不到匹敵的對手覺得冷，而是時時有無數的眼睛監督著你，故應常思是否因為權勢而生傲慢，忽略了顯而易見的危機。俗話說：「失去金錢的人，失去很多；失去朋友的人，失去更多；失去名聲的人，失去所有。」

只要轉念，危機就能成為轉機

人忌剛愎自用，應該要時時自我檢視，自己的執念是否是因為貪婪？或是嫉妒心？以免落入貪嗔痴三毒之中而不自知。而能承認自身的缺點並不是一件壞事，反而是以退為進，更能海闊天空。

近年來國內旅遊的風氣盛行，連帶也吹起了一陣民宿風。我有一位客戶趙先生中年轉業就是去開了民宿，他全心打造一間極具特色的房舍，並找來家人共同經營，無論在裝潢、服務還是餐點，可說優於絕大多數的同業，因此很快地打響了名號，住房率愈來愈高。他三不五時到我的店裡買些珠寶，彼此聊聊近況。

不過有一段時間他卻消失了，我猜想他應該是事業太忙，因此不以為意，直到有一天接到噩耗；原來趙先生長期超時工作，身體出現不少狀況，檢查後竟是胰臟癌，兩個月後就離開了人世。公祭時看著他的遺照，我忍不住感嘆老天給他的時間太短。

又過了兩個多月，有五位我們的共同朋友登門拜訪，席間說到，趙先生曾經跟他們借了一大筆錢，在世的時候總是按時還利息，加上為人正派，所以這幾位債權人都沒跟他追討。不過現在人走了，大家想要拿回這一筆錢，不過狀況有點棘手，所以找我當中間人出面斡旋。

我嘆了一口氣說：「唉，怎麼好事不找我，壞事才想到我呢？你們有腹案嗎？」

「聽說他有一間投資了兩、三千萬的民宿，雖然他跟我們借的錢超過這個數字，不過大家朋友一場，我們想，若是民宿歸我們，這筆債就算解決了。」

於是大家找來趙先生的家屬，開了一場債權協商會議，對於債權人的提案，趙先生的母親和太太表示若要還錢，現金不足，拿民宿抵債他們認同；但是他的弟弟與妹妹卻強烈反對，表示民宿是兄妹共同經營的心血，絕不輕易出讓。雙方相持不下，當天的會議不歡而散。

事後趙先生的妹妹試圖說服我，她說：「民宿花了我哥哥半輩子的努力，現在好不容易有一點成績，我有信心接下來一定會吸引更多人來住，你能不能幫忙跟他們求求情？」

我說：「民宿當然是妳哥哥的心血結晶，當初他投注的心力我們全看在眼裡，可是他已經走啦，人走了以後，最重要的是什麼？是名節，不是事業啊！古今多少成就豐功偉業的英雄，走了以後什麼都帶不走。欠債還錢，天經地義。這才是維持妳哥哥名聲的辦法。至於還款的方式有很多種，譬如說，先將經營權轉讓給債權人若干年，靠民宿賺的錢還款，等還完了，再把民宿還給你們，不就是一個兩全其美的方法？」

她聽了覺得挺有道理，於是我又找了債權人商量：「人不在，但是人情在。這間民宿環境這麼好，每年賺個一、兩百萬，十五年就算賺個三千萬好了。趙先生欠你們的錢，大家朋友一場，就算三千萬吧！要是直接把民宿拿走，難保被人說趁人之危，而且他家中還有老母要扶養。不如訂一份十五年的契約，這一段期間經營權歸你們，每年獲利用來還款，甚至聘他的弟弟妹妹繼續上班，十五年以後，民宿還給人家家屬，如此一來，你們收到錢，也顧及趙先生的情分，你們看怎麼樣？」

這幾個債權人經過我這麼一說，紛表同意，於是找了律師擬好法律文件，雙方碰面，準備簽約。結果趙先生的弟弟突然發難，一下子說自己的努力不能被賤賣，一下子又說民宿的一花一草都是他的心血，東拉西扯，硬是不簽約，雙方搞得不歡而散。事後幾個債權人告訴我談判破裂，於是我找來趙先生的弟弟，問道：「你為什麼不同意啊？」

他白眼一翻，說：「不能便宜他們。」

「拜託，你哥哥跟人家借的錢你知道嗎？據我所知，一部分的錢都被你拿去投資，結果被你搞到掛點，有沒有這回事？」

他支支吾吾地說：「這……我都有還給我哥哥……」

「過去你哥哥在經營的時候，你只是隨手幫幫忙，多數時間你都在搞一些奇奇怪怪的門路，有一年還跑來找我投資什麼『不吃汽油，不用吃電的摩托車』，一股要五百萬什麼的……你自己摸摸良心，你哥哥之所以生病，除了欠錢的壓力、民宿的經營以外，還少不了你老是幹一些有的沒的，讓他操煩過度，現在為什麼不大家各讓一步？說真的，經營民宿不是你的長處，不如交給他們，等個十五年，民宿還是你的，不是很好嗎？」

只是任憑我說破嘴皮，他還是不同意，我雙手一攤，宣告放棄。不過仍有幾個債權人再次來情商我：「秦哥，拜託拜託，你好人做到底，我們再開一次會，你再幫忙喬一喬吧。」我想前面都插手了，乾脆再努力一回，只是會議開是開了，雙方的歧見還是沒解決。

事後這幾個債權人忿忿地揚言提告，我勸他們：「別衝動，第一，你們不差那一筆錢；第二，民宿的所有權人登記的是趙先生的媽媽，趙媽媽年事已高，可能經不起官司的折騰，就算勝訴，民宿歸你們，事情不一定可以圓滿落幕，是不是再想想有沒有別的辦法？」但是債權人忍無可忍，執意提告，我也只能不置可否。

又過了兩、三年，幾個債權人突然要請我吃飯，我說：「宴無好宴，會無好會，飯不要吃了，你們有話就直說吧！」原來最後雙方協商的結果是按期還利息，只是給不到兩期又無疾而終，民宿的生意慘澹，不時有一些刺龍刺鳳的兄弟上門要債，這樣下去，債務還不出來，所以他們問問我有什麼好方法？

我想起以往趙先生談起民宿時眼睛發光的樣子，忍不住湧上一陣心酸，於是找一天一個人騎摩托車跑去看個究竟。

不看還好，看了心裡更難過；民宿的招牌不但褪色，還爬了不少苔蘚，戶外的椅子東倒西歪，有幾張已經發霉，我喊了半天，終於有人從屋裡晃出來，正是趙先生的弟弟，他抽著菸說：「秦大哥，你來啦？」

「是啊，我來看看你經營得怎麼樣？」

「哎呀，景氣很差，現在很少訂房啦。」他一面抱怨，一面拿出茶包準備泡茶。

「咦？你們不是有很棒的手沖咖啡嗎？」

「現在都沒人喝咖啡了，簡單泡個茶就好。現在時機不好啦，政府也不知道在搞什麼——」他劈哩啪啦地抱怨，我打斷他說：「當初我說你不是經營的料，你還不開心，現在不正是如此嗎？」

「拜託，怎麼會是我的問題，真的是環境不好啦。」

「唉，好好的民宿被你搞成這樣，以後怎麼辦？」

他信心滿滿地說：「我最近找了一個金主，他準備投資我兩千萬重新裝潢，絕對比以前更好。」

我心想哪個傻瓜會掏錢投資，豈料沒隔幾天，真的有人打電話問我：「秦先生，開民宿的趙先生找我投資，我知道你認識他，想請教您的意見。」

「你為什麼想投資啊？」

「我看地點不錯，而且趙先生跟我講未來的規畫，聽起來很不得了。」

我語帶保留地說：「四、五年前那個地點很棒，不過，你要知道資產不是他的，所以投資以前，我建議你先調查弄清楚。」

「喔，我曉得了，秦先生，謝謝。」

沒多久，趙先生的弟弟打電話來，劈頭就是三字經，直說我擋人財路。我說：「你一定要弄清楚，要是你經營得好，投資人捧著錢上門，但現在搞得跟廢墟一樣，找人投資不是等於叫人家上賊船嗎？人家打電話給我，雖然我不認識他，我也不能害他啊。」他依舊罵聲不絕，我見他不可理喻，隨手掛了電話。

過了不久，在一個場合遇到了五位債權人，大家一陣唉聲嘆氣，當初趙先生的心血和一世英名，全部被自己的弟弟糟蹋了，要是債務還不清，肯定走上法拍一途。

雖然起因是因為債務，但即使是發生了壞事仍然有轉機，所有的好事與壞事常常不是用事情論定，而是用當事人的轉念。趙先生的弟弟因為剛愎自用，硬巴著民宿不放，若是能承認自身的缺點，甚至吃點虧，甘心為人作嫁，起碼不會落得玉石俱焚。人應該時時自我檢視，是不是過分貪婪？是不是嫉妒心起？還是太過執著？以免落入貪嗔痴三毒之中而不自知。

心正了，萬事就不會為難

世間裡大部分的為難，從不是事情發生的那一刻才產生，而是事前的居心先讓自己為難。大多數的時候，人都是自己為難自己，根本輪不到別人。

我成天跟錢打滾，這麼多年來的心得，其實發現借錢一點也不為難，點開手機通訊錄，看到誰就跟誰借，大不了借不到，真正為難的是怎麼還錢。

還錢的為難有三種：第一種是晚點還，明明期限已到，設法拖得愈晚愈好；第二種是債主太多，不知道先還給誰？要是還給張三，李四不開心，還了李四，王五發脾氣，該選哪一個，真是不容易；第三種為難則是根本不想還。我相信人性本善，沒有人一出生就願意欠債，可是有些人一講到還錢，痛苦指數堪比割一塊肉。

前一陣子，我所參加的重型機車隊收到一位大陸車友舉辦的旅遊行程，路途沿著新疆到西藏的219國道一路直行，可以飽覽天寬地闊的瑰麗美景，對於我及車友來說，簡直是可遇不可求的夢幻行程。於是我們一行五人立刻訂下機票，行前兩個月風風火火地採買各式高原露營用品，彼此還相互提醒按時吞服預防高山症的保健食品。

某日，承辦人在群組裡發了一封訊息，大意是說一切準備妥當，為了先預訂飯店與餐廳，每個人要先付七成的訂金，約三萬人民幣。當下我們一致都覺得金額太高，可是一來以前我們參加過他的團，旅遊品質真的還不錯；二來路線太誘人，所以多問了一句：「先付錢沒問題，萬一活動辦不出來，錢怎麼退？」對方立刻回信息說：「萬一辦不成，全款退還，我辦事，眾哥哥放心。」我們一看他這麼豪氣，心裡踏實許多，於是紛紛匯款，準備飛出去騎個痛快。

直到出發前一週，他突然發了一封訊息：「抱歉，適逢西藏軍區演習，摩托車禁止進入，行程被迫取消。」

大家一看全部傻眼，裝備都買了，紅景天也吃了好幾罐，不過遇上演習還能怎麼辦？反正能夠拿回預付的訂金，都還算可以接受。誰知道一講到還錢，他前前後後編了超過十七、八種匪夷所思的理由，硬是不退。其中最冠冕堂皇的是適逢十一國慶，全國放假，沒辦法匯款，直到現在都還沒解決。

缺錢借貸是不得已，有了錢就要趕緊還，該還錢時想方設法拖欠，吃虧的不是債主，而是欠債的，因為沒有人會每次都上當，次數一多，不只缺錢的狀況改善不了，還落得眾叛親離的下場。很多人以為不還錢等於白白賺了一筆，其實違背良心的天人交戰才是最大的成本，失去信譽在商道上等於一次死亡。

很少人知道，其實我剛開始投入當鋪業的時候，最自豪的專業並不是鑑定文物古董、金銀珠寶，而是借錢。

早期營運時常遇上資金短缺的狀況，幾乎每一天都要找錢周轉，但是我的名下沒有任何財產，所以銀行連一毛錢都不貸給我，只能向以前同鄉的叔叔伯伯開口。當然，借錢得靠一些技巧，可是最重要的還是個人的誠信。打從我跟別人借錢開始，約好的還款日期與利息，一定按時履約，甚至在到期日之前，便會先打電話先與對方約好碰面時間，當天除了現金以外，還帶著伴手禮，雙方都開心。

如此一來，下次我再借錢，對方就不會拒絕我。倘若是遇到資金調度困難，無法如期奉還，我一樣提早打電話說明原委，詢問能否先付利息，本金晚一點償還？十次有九次對方都爽快同意；要是對方說：「不行啊，最近我們買了新房子，缺錢付房貸。」我二話不說，立刻另找資金，在到期日前準時將錢如數奉上。日積月累下來，親友都知道我說一不二，而且我給的利息遠高於銀行利率，甚至有人捧著錢上門要借給我，借錢與被借的人有何為難呢？

有人問我：「現在的年輕人要如何開始闖出一番事業？」

我認為成功的標準很簡單，一定要確立目標，但確立目標之前還有一件更重要的事，那就是：檢查自己的價值觀是否正確。失去金錢，只會損失一點，可是失去名譽，卻會損失一切。一個人要花上一輩子的時間才能種出蓊鬱的森林，可是只消一把火便能燒光所有努力，所以千萬不能放火。

人生難免大起大落，我曾經遇過紡織廠的大老闆上門調頭寸，問了才知道他的紡織廠慘遭祝融之災，不只廠房遭殃，連存貨、原料都付之一炬，幾乎燒掉所有身家。可是這位老闆決定面對現實，將全家族大大小小值錢的首飾、汽車，甚至摩托車都拿來典當，作為東山再起的基金。廠商和客戶上門追討損失時，他將現金和當票擺在桌上，坦然地說：「所有值錢的東西我都當了，全部在這裡，你們自己看怎麼分，其餘不足的，放心，我慢慢還。」之後每天早出晚歸，認真打拚，明眼人一看，就知道這是一個言而有信的人，也就不會多加為難。至於日後是否一帆風順，沒人說得準，也許哪一天又遭逢更大的損失，但是，一旦確立正確的價值觀，再大的困難，都能安然度過。

這輩子我遇過很多人，所見過形形色色的人大概是幾個人的一輩子相加起來的還要多，因此深深領悟到，世間裡大部分的為難，從不是事情發生的那一刻才產生，而是事前的居心先讓自己為難了。如果可以擁有正確的價值觀，就可以少掉這分為難，心正了，自然就會減少許多無妄之災，能否大富大貴並不重要，心誠意正日子才會有好過的可能。

四、關於人生

——人生難免遇到挫折，它們都像是紅燈，製造了暫停的機會，讓我們有時間停下來思考

人生裡的紅燈

人生難免遇到挫折，它們都像是紅燈，製造了暫停的機會，讓我們有時間停下來思考。此時不要去想剛剛誰超車、哪裡道路不平……而是要去思考接下來的路要怎麼走比較好，等到變成綠燈之後，才能不疾不徐的行進。

前幾年我去了東非的塞席爾群島，那是人間天堂，英國王子和王子妃度蜜月的地方，景色很漂亮。

而我們帆船隊在維多利亞港靠岸，主要的目的就是去補給日用品，因此一群人邊逛邊買，不知不覺就走了一個多小時。因為整個港口附近的馬路都沒有紅綠燈，所以傻傻地一直走，結果走著走著就迷路了，問路人卻聽不懂法語，只好求助於經過的警察，最後是搭著警車回到港口。

這段旅程的插曲回想起來很好笑，但卻也讓我發現，人生裡頭，「紅燈」存在的重要性。

在台灣，不管機車族或開車族，或是冬冷夏熱的氣候，人人都得等紅綠燈。等紅燈的心情不太好受，就像很多人人生中遇到挫折，必須停下來，這種人生的紅燈，其實不見得是壞事。

來當舖找我的人，大多都適逢人生的紅燈時期，我通常會提醒他們，紅燈是否也是一種轉機？

有一次，一位從香港進口成衣商來找我，他是在五分埔賣成衣十多年的客戶，由於業績時好時壞，他臨時缺了一筆資金，便來當舖找我。他一進門就唉聲嘆氣，在辦手續時，我鼓勵他，這些人生關卡就好像紅綠燈的紅燈時期，不要在停下來時回首來時路，而是要懂得看前方的路，思考拐彎的可能。

他一開始還是不太能接受，但要離開時，突然回頭又跟我說，去年有一個韓國人找他代理衣服，那時他因為要先出一大筆錢而不願意合作，他想聽聽我的意見。

我回說：「那筆錢不管先付還是後付都得付，重點是你是否喜歡這家韓國衣服品牌的設計。」

幾年後，我去信義威秀看電影巧遇他，他剛好在附近開會，兩年不見的他意氣風發，原來已經成為韓國衣服品牌的代理商，生意很不錯。

在交通上，紅綠燈可以有效疏解交通流量；而在人生裡，紅綠燈製造了暫停的機會，讓我們有時間停下來思考，這時的思緒整理，不應該去想著剛剛誰超車、哪裡道路不平……而是要往前思考接下來的路要怎麼走比較好，等到變成綠燈之後，才能不疾不徐的行進。

當社會景氣不好時，就是大家的紅燈，每個人都得停下來，但千萬記得，紅燈絕對不是一件壞事，人生路上會遇到非常多個紅燈，反正紅燈後就會是綠燈，綠燈後也一定會變成紅燈。一路暢通不見得是最後贏家，紅燈雖得要花時間等待，但也提供了可以改變的一個契機。

當醫師要你出去玩時

忙碌一輩子，努力打拚忘了享受，當身體有問題時，醫師不但不開藥，竟然還要你去玩，太詭異了。其實是人生的每個階段都會有不同的課題，是考驗，但也是成長的契機。

上當鋪的人各行各業都有，我有一位客人關先生是從事餐飲生意的成功人士，已經在該行裡打滾了二十多年的時間，旗下好幾間知名的餐廳，生活過得優渥，已經進升人生勝利組。不過話雖然如此，他還是沒有停歇的打算，仍舊不斷地做生意，總是跟我分享最近又買下哪一家經營不善的餐廳、準備如何大展身手等。

他常說：「開餐廳賺錢容易，可是管理不易，要嘛大廚擺架子，要嘛員工的人際關係複雜。」

一般餐廳的休息時間落於下午兩點半到下午五點半之間，這段時間內，員工常在裡頭打麻將，而關先生則沒事就出門逛逛街，來店裡淘寶。除了常見的金銀珠寶外，以前當舖常有一些特別的東西，例如，古董照相機、懷錶、髮簪，甚至西洋針線盒等，他特別喜歡這一類有趣的古物。當然，他是生意人，下手前也會考慮保值。

有一回，他跟我說最近時局不好，想買金條放在家裡。

我問他：「你要買多少？」

他伸出一根指頭說：「不多，一公斤的買兩條。」

「拜託，買兩條這麼大的金條要做什麼？」

「嘿嘿，萬一大局有變，我得離開台灣，左右的口袋各放一條就可以走了。」

關先生在店裡一買就是十幾年的時間，久而久之也成了好朋友，可以閒話家常。某日他突然來拜訪我，張口就說：「今天我不買東西，想請你把我的東西賣一賣。」

這倒稀奇了，因為十幾年來他從沒當過東西，我問：「為什麼？可以留給家人啊？」

「唉，有些東西我女兒不要啊。」

「你才六十幾歲，閒著拿出來研究研究不是很開心嗎？是不是餐廳生意不好，缺錢周轉？」

「正好相反，連鎖餐廳的生意好得不得了，已經上櫃了。」

「那你怎麼看起來愁容滿面的？」

他支吾了半天才說：

「那個什麼……兩年前我的小便就不太通，可是生意太忙，我擠不出時間看醫師，結果從每次上廁所三分鐘拖到要十分鐘，我實在受不了才去醫院，結果竟然是攝護腺癌，吃藥沒多大效果，就做了切除手術。手術後小便通了，可是沒多久又不對勁，醫師說只能照鈷六十治療，這兩年我跑遍台灣各大醫院，搞得全身好難受，可是病情還是沒起色。

「幾個月前，我到一間教學醫院掛特別門診，醫師看了我的報告半天沒說話，最後跟我說：『關先生，以現在的醫療技術來看，我們該做的都做了，這樣吧，我開一些藥，盡量減輕你的痛苦，你可不可以出去走走？愛去哪裡玩就去哪裡玩，試著接受它、面對它。』

「我聽了當場傻眼，醫生是在開玩笑嗎？誰病入膏肓了還有心情玩？這幾個月我都悶在家裡，看山不是山，看水不是水，當初買那些琳琅滿目的奇珍異寶，現在怎麼看都沒了樂趣，所以我才興起一個念頭，哪裡買的，就歸哪裡去，這才找你幫忙賣一賣。」

我說：「金銀珠寶我可以幫你處理，可是那一些怪裡怪氣的寶物我們也不懂，沒關係，我找拍賣行幫你賣一賣，不過，其實你的病情沒有那麼嚴重。」

「什麼？我都快掛了還不嚴重？」

「其實我跟你一樣，這幾年被暈眩症折騰得受不了，有時連下床都有問題，為了這個病，我看遍各大名醫，有一天主治醫師也是跟我說：『秦先生，你能不能出去玩？』

「我聽了當場就想站起來揍他，都已經暈眩了還能玩嗎？可是氣歸氣，不能真的動手，於是我站起來說聲：『謝謝。』就走出了診間。可是回家以後，我想到醫師講的『你能不能出去玩？』其實深具含意。」

「這句話不就是宣判死刑了嗎？還能有什麼含意？」

「這裡的『玩』字不是要你去遊山玩水，而是『不要再玩原本玩的東西』。因為它已經讓你生病了。當然，要放棄大好的江山和功名談何容易。不過其實道理很簡單，『即使別人玩得很開心，但不表示自己可以。』

「就好比有些人的個性適合做生意，手下員工數以萬計，每天甘之如飴地面對商場上各種權謀狡詐，不過要是輪到我們管幾萬個人，愁都愁死了，哪有樂趣可言？所以有人可以繼續玩，可是我們再玩就沒命了。

「所以當我悟出這一點，才覺得醫師叫我去玩是好事一樁，沒有半點壞。最起碼我得到一個啟示：一生功名到此為止，有些執著該放下。所以第二次去看醫師拿藥時，我的心情輕鬆不少，反正我已不愁吃穿，現在可以去做自己有興趣的事。

「剛好就在前天晚上，我遇見一位旅行社的導遊，原本他在電子工廠當保全，不料某天卻突然被開除，為了生計所以才改了行當導遊。誰知道這一轉行他竟如魚得水，每天在旅客面前唱作俱佳。也許你在本業做得很好，可是骨子裡其實不適合這一行，當能量用完了就必須喊停，要不就會加倍消耗生命，這次的警訊，正好告訴你，應該是放下的時候。」

關先生愣了半晌，點點頭說：「我回去想想該怎麼做。」

過了幾個月，他打了通電話給我，那頭說他賣掉幾間餐廳、每天按時吃藥、保持心情愉快，正在安排跟另一半去一趟豪華遊輪之旅，甚至邀請我和太太同行，可見他已走出生病的陰霾，開始玩一些自己的東西。

每一個人的心靈都有不一樣的形狀，有些人天生是圓形，但卻在一個方形的框框裡打轉，即使外人看起來再成功，但實質都是磨掉了原本屬於自己的角度，甚至最後會賠上自己。所以才會在四下無人時愁眉不展，不斷思考著是否該離開與自己不是很密合的環境？

我們每一個人內心適合什麼或喜歡什麼，其實只有自己最清楚，唯有一面走、一面開創才可以發現，而這是也是人生不間斷的功課。人生的每個階段也會有不同的考驗，但這都是考驗智慧，讓我們再成長的契機。

買得到是擁有的快樂，但買不到的是失去的豁達

世間上的許多事，買得到是擁有的快樂，但買不到的是失去的豁達，所以看清得到和失去的必然性、體悟珍惜與放下，才能珍惜緣起緣滅。接受世界真實的樣子，才能過得自在。

上個月，復旦大學的同學打電話給我，說有位來自東北的學長，想買艘帆船停在海南島三亞，有帆船問題想要請教我的意見。

我一聽，心裡一聲驚嘆，真羨慕啊！這就好像住在紐約的人在洛杉磯買一艘船一樣，大陸人真是太有錢了。不過，買船是一件大事，完全不亞於婚姻。因為買船是需要付出愛心的，例如，需要大量的時間，還要經過完整訓練，不然會有生命危險。

兩天後，這位學長打電話給我，他說他要買一艘法國知名品牌五十呎的單體帆船，現在面臨的問題是甲板上的柚木是要鋪全部還是鋪一半就好？我回答他，如果不考慮金錢問題，就全鋪柚木吧。因為柚木和FRP（玻璃纖維）不同之處在於FRP較燙，在船上常要走來走去，太燙不舒服，用錢就能消災，多好。之後，我請他把配備表寄給我瞧瞧，我看過後發現，果然是一艘頂級好船。

但其實同時我的心裡也一直有些話不吐不快，但又不敢太明著講，畢竟不熟。只是忍著忍著，後來還是主動打了電話給他，先是說明配備表有哪些可以調整，哪些沒有必要等，接著，便問了他：「買船的動機是什麼？」他回答我：「買船就是要玩船啊。」

其實，玩船有很多種方式，例如，我的帆船隊出國玩都是租船，租船好處是可以租不同的船種，像單體船可戰鬥，雙體船則較休閒……但像學長這樣的一個新手，要玩單體船其實不太適合……此話一出，學長聽了不是很開心，回我說：「船都買了你為何要講這些話？」於是我便和他分享了一個切膚之痛的故事。

我的帆船隊曾買過一艘戰鬥型戰艦，在買船之前，大夥一群人也樂得專程去日本試船，實際體驗後發現那艘船根本是超級戰艦，機會難得，太開心立刻就買下。但後來這艘船實在太嬌貴，保養費用奇高，冬天無法玩船，只能停在港口，但船底會開始長貝類；夏天船身被太陽曝曬會退化，繩索也會破損；而引擎每週都要發動兩次，並且要花錢請人來顧船……

大家表面上都為買船開心，但其實心裡都在擔心這樣下去還得了，而且帆船不是一般動力艇，一個人玩不了，每次為了湊齊大家一起玩船就得煞費苦心。玩了十多年後，一次那艘船被雷擊了，因此電子設備出問題，大家也顯得意興闌珊，終於我憋不住提出把船修好後，就把船賣掉的建議，大家也都鬆了一口氣。

買船一定要想到賣船的那一天才夠務實。購買時要問自己：以後要賣給誰？這種船型是否好賣？因為帆船不是超跑，可以接手的人不多。

買船、賣船是最開心的兩天，中間常常要經歷很多波折，很多事情若事先想好結果，就能豁達沒有壓力。世間許多事也是同樣的道理，剛開始一定要開心，當預設的開心結果已經盼到，就要懂得放下，「開心兩天」是人生非常完美的事情，很多人連一天都不開心。

學長被我潑了一身冷水，但他還是很開心地跟我說了謝謝。我相信他一定擁有買船的開心，但關於賣船的開心，他並沒有準備，如果他能思考妥當，就算十多年後決定捐給其他訓練單位，這種有想過的預設規畫，自然就能開心到最後。

只要先想清楚，緣起緣滅都會很開心，買得到是擁有的快樂，但買不到的是失去的豁達，要看穿得到和失去的必然性、體悟珍惜與放下，才是人生的真實樣貌，才會自在。

好觀念才能幸福

好觀念是人生幸福的起點，除了觀念之外，還要有經驗輔助。愛情可以失敗，每一個人都要有接受失敗的準備，但遇到了就要好好經營，才會有持續的可能。

最近受邀上一個節目，不談寶物鑑價，而是談愛情。當天製作單位找來兩位未得到女友父母認同的男藝人，由我當評審，製作人問我：「如果是你看不順眼你女兒的男友，你會怎麼做？」

愛情是人生裡最捉摸不定，但卻也最被世人歌詠的人間事，自古以來幾乎只要兩情相悅就難以有其他的事情可以阻擋。即使當事者父母往往會利用自己的經驗來做判斷，但千呼萬喚、以死相逼都不見得有用。像其中一位男藝人，他就曾經被女方家長嫌不修邊幅，也有一位來賓的女友甚至威脅他父親要斷絕關係，但現在他們也過得很幸福。

我不禁在想，假如我真的覺得子女的另外一半不ＯＫ該怎麼辦？回想我的生長過程，我的父親也想主宰我的婚姻，我的母親也希望她能有一個貼心的媳婦，但這些都是很俗世的想法。說到底，父母反對其實不重要，重點是你心裡因此而起的漣漪才是最可怕的。

愛情和人生一樣充滿不確定性，像種田一般，辛苦播種希望大豐收，卻突然來了蝗害，或是來一場大雨淹成水塘，這些意外都難以預測，求神拜佛都沒有用，就像每一個人的愛情一樣。

我是認為，只要能給孩子兩個觀念就可以：首先，「不要傷害別人」；再者，「不要被別人傷害」，要懂得自救。

好觀念是人生幸福的起點，除了觀念之外，還要有經驗，不然都是空談。孩子要不要結婚、要嫁給什麼樣的人、跟什麼性別的人結婚都沒有關係。我的偶像伊莉莎白泰勒結過八次婚，而前美國雷根總統和南西很幸福，但雷根是離過婚的人啊。愛情沒有一定的道理與邏輯。

我是外省人，太太是台灣人，我們的食衣住行，很多價值觀都不一樣，我和她也是經過很多的磨合才能走到今日。如今回想，父母愛我是無私的愛，因為我們有血緣關係，但太太不是，但我這輩子能夠和一位女孩子共度一生，而且這個女孩子總是能體諒我種種的錯誤，何其有幸。

當然，不傷害別人，並無法保證別人就不會傷害你，因此才要有懂得自衛的認知與準備。

尤其女性一定要有獨立的思考、獨立的經濟能力和獨立的人格。妳會有第二次的可能，也不要排斥第二次可能的發生，要相信自己，這一生都會努力追求真愛，也許不是眼前這一位，但如果妳有上述三種獨立能力，就能全身而退。

愛情可以失敗，每一個人都要有接受失敗的準備。因為現代的社會太自由了，人生很難第一次就能尋找到真愛，要經得起失敗，並且遇到了就好好經營，才會有持續的可能。

福禍相依

人在低潮或高峰時，都要平常心對待，對人生不要太執著，那些堅持往往都是困住自己的主因。福禍是相依的，往往人生是由這兩個元素交叉發生，如何去看待事件的福禍，考驗著個人的智慧，也決定自己後續的人生。

去年開始，餐飲業一枝獨秀，珠寶業卻買氣不好，國際情勢也普遍如此。因此珠寶業者只好度小月，或是為了融資常常在當舖出入。

我有一位珠寶商朋友也受到了波及，滿腹苦水，直說生意不好，錢少賺很多，不過時間也多出很多，五年沒有做身體健康檢查的他決定做一次完整的套餐。沒想到，詳細檢查後竟發現，肺部有一個〇・二公分的小腫瘤，趕緊動了手術切除。醫生說，幸好提早發現，若再晚兩年發現就麻煩了，讓他覺得自己很幸運。

也因為這個手術，讓他對於自己以往汲汲營營於事業、追逐財富的觀念有了調整，決定以保持健康和與家人相處時間為重。雖然這個改變讓他珠寶業生意也受了影響，可是他的內心卻愈來愈快樂。

這個「因禍得福」的故事，讓我聯想起另外一位客戶，同樣也是一位珠寶商。他人很聰明，向來運勢佳，生意愈做愈大，尤其在行銷方面有天賦，屢有創新之舉，曾經讓多種名不見經傳的二線珠寶在市場上大賣。

他常會拿珠寶給我鑑定，每次他總會眉開眼笑的跟我述說他的戰績。五年前，他去大陸投資珠寶連鎖店，原本狀況都不錯，在北京、上海都有大型的珠寶商行，直到去年，傳聞他的珠寶公司出現財務危機，人去樓空。今年我遇到他，發現他變了一個人，從前英姿煥發的模樣不復見，身體狀況看起來也不太好，讓我忍不住多問了幾句。

他說，就是因為年輕時一路順遂，到大陸發展後才會過度樂觀評估，投資金額太大，導致出現了資金缺口，而在大陸又沒有金融單位可以融資，短短兩年的時間就讓珠寶王國潰散。

雖然此時站在我面前的他，是以平穩的口氣說出了這段經歷，但從他的語氣中可以發現，他的意志消沉，有一蹶不振的情況。

其實，我有很多成功的客戶，都曾經經歷過重大失敗挫折，所以發生事情的當下，究竟是「福」還是「禍」真的很難說，也許失去了錢、事業，但找回了健康，或是透過時間的淬鍊反省，終有東山再起的可能，甚至，轉換跑道反而開啟另外快樂人生。

福禍是相依的，往往人生是由這兩個元素交叉發生，如何去看待事件的福禍，考驗著個人的智慧，也決定自己後續的人生。

我曾經在三十五歲時遇到一次資金窘困時期，滿手流當品卻沒有現金，流當品又賣不掉，只得坐困愁城，眼看當舖就要毀在自己的手上了。心情惡劣的我夜難成眠，但經過深刻的反省後，我告訴自己已經盡了全力，不該如此自責，隔天我就勇敢的和債主們坦承資金的問題，心情也不再處於低迷的狀態。

因為反省，讓我得以了解資金短缺的發生原因；也因為調整過心情，我不會病急亂投醫的異想天開，更不會用偏方解決問題亂想些奇怪的點子，而是勇敢一步步的面對和處理。一年後，果然情況就好轉了，就是因為經過這次的事件，讓我之後對於處理資金更加謹慎有計畫，在這次的「禍」中我有了大幅成長，反而變成了「福」。

人在低潮或高峰時，都要平常心對待，對人生不要太執著，那些堅持往往都是困住自己的主因，也因此蒙蔽了看清福禍更替的眼睛。不因得福而竊喜，不因處禍而失心，就像搭火車一般，不知道何時會進隧道，但終會有出隧道的時候。

我們每個人都是「外人」

「遠親不如近鄰，近鄰不如有緣」，人生關卡上幫助我的人往往都是素昧平生的人，每個人都有成為「外人」的可能。平常就應該善待外人，不要自己當了外人之後才發現，你是一個被人摒棄在門外的無助之人。

我的客戶多半是台灣人，但其中有一個客戶是印傭，某日她拿著一兩多的黃金來當一萬多元，在我付錢時她竟然哭了。

原來，她離鄉背井來台灣工作，遠在印尼的家人生病急需錢救命，雇主卻不願意借她錢，她只好和幾位同鄉籌了些黃金飾品來典當，她很感謝和她素昧平生的我願意借她錢。她這麼一說，我反而不好意思，當鋪生意不就是這樣，她是客人，拿東西來典當所以我借她錢，愈被她哭著道謝，我就愈不好意思。

以前在抗戰的時候，重慶當地的人非常痛恨那些從北方撤來的外省人，把他們稱為「下江人」，當有些重慶人拿下江人沒辦法時，就跑到江邊去小便，企圖讓下江人喝他們的尿藉此消氣。

但這種想法實在很無知、愚昧，人性最大的榮耀就是發揮光明面，點亮自己，照亮別人，這不是各種宗教都在呼籲的事情嗎？

上個月，我送走一位滿清皇族後裔，他曾經跟我說過一句話，讓我有被觸電般的感動。他說：「我這輩子最感激的人就是我岳母。」

年輕時的他投筆從戎，隻身來台愛上台南世家的女子，兩人陷入熱戀，論及婚嫁時，他的「外省人身分」遭到女友家中所有長輩的反對，只有他岳母站出來說了一段話：「我們要疼惜出外人，因為我們的子孫未來也有可能成為出外人。」這段話一出，現場再也沒有人反對，兩人的婚事才能順利舉辦。因此，他非常感念岳母，日後岳母的老年生活完全都是這位女婿一手打理，心裡也總是充滿了萬分的感激。

我們有些觀念很狹隘，常常把外鄉人、外省人、外國人等都視為「外人」，總有一種「非我族類，其心必誅」的心態，造成許多不必要的隔閡。應該要改變想法，放棄成見，這個世界應該只有好人和壞人之差，沒有男女、國籍、地域之別。

我的當舖有很多「外人」，鮮少自己人。但我都把他們視為衣食父母，不熟稔不是重點，能解決對方的燃眉之急才是我的工作，因為這個外人也是別人的丈夫、兒子或是父母。待之以心，回饋的必然也會是真心，偶爾就算是自己表錯情，沒得回報，但只有張開雙手、敞開胸懷，也才能有擁抱春天打開彩虹的機會。

我年輕時就深深認為，很多時候「遠親不如近鄰，近鄰不如有緣」，人生關卡上幫助我的人往往都是素昧平生的人，每個人都有成為「外人」的可能。只要走投無路時，自己就會需要求助外人，所以平常就應該善待外人，不要自己當了外人之後才發現，你是一個被人摒棄在門外的無助之人。

識人最忌「以目代耳」

做人處事都是一樣，不要用眼睛看人，而是要用耳朵。透過對談，或是狀況發生後解讀對方的反應，這樣才能看到對方的內涵和心態，而不是流於表面，才能真正的識人。

大家都覺得我鑑物很厲害，其實是我的老師：老朝奉張寅初先生教我的，他告訴我，鑑物的祕訣是要多讀、多看，最忌諱「以耳代目」。至於與人來往，我這些年來則自己慢慢理出來了個心得，恰巧就與鑑物相反：勿以目代耳。

有許多人問我：「在商場上要如何致勝？」我的回答是「誠懇」，但他們都覺得我在開玩笑，事實上，看看最近的食安問題，出事的公司老闆都不缺錢，甚至不少是企業鉅子，但他們就沒有做到「誠懇」兩個字。

誠懇，「就是不說不該說的話」及「不做不該做的事」，說三道四就是不該說的話，昧著良心的事就是不該做的事。是不是很簡單？有句成語說「臨財不苟」，意思是廉潔自好，但其實很難。

我曾收過一只假錶，不過當時並非是我學藝不精，而是剛好那天特別忙，直到晚上才發現，想摸摸鼻子算了。只是沒想到一個月後，典當人卻要來贖回，這就尷尬了！我當然可以收回三萬多元，當作沒這回事，但假如這個人下次再來呢？那個時候才說錶是假的，似乎很難自圓其說。

一群人討論老半天，秉持著「用心用誠」，我如實告知錶是假的，說完長吐一口氣，感覺輕鬆了。

但沒料到對方卻很訝異，不是因為錶是假的，而是為什麼告訴他這件事我們要如此猶豫緊張？「錶是朋友的，我也不知真假，反正你借我三萬元，我就還你三萬元，你們幹嘛想得這麼複雜？」對啊！這麼簡單的事為什麼會想這麼多？就是因為問題牽涉了「錢」，才幾萬元就讓人如此糾結，何況是更大的利益。

俗話說「狗眼看人低」，我們常會以貌取人，西裝筆挺就以為是社會賢達，衣衫襤褸就當人家是社會剩餘物資，我也難免會發生這種事。前陣子，我在店舖外遇到一位女士，穿著普通，手拿環保袋，她要我幫她看袋裡的寶物，我萬分委屈地說好，就站在大馬路旁請她拿給我看，這麼做其實非常不禮貌，但當她拿出第一件寶物後，我定睛一看，立刻請她店內坐；拿出第二件寶物後，我趕緊請經理泡咖啡；第三件寶物拿出後，我直接請她進辦公室內談……這就是標準的「以目代耳」。

做人處事都是一樣，不要用眼睛看人，要用耳朵，透過對談，或是狀況發生後解讀對方的反應，才能看到對方的內涵和心態，而不是流於表面。我以前年輕不懂，因此也吃了不少虧。

其實會來當舖的人往往都是因為遇人不淑，若以目代耳的去認識一個人就容易交錯朋友，輕者傷身，重者喪命。就像買東西一定要找對人買，人對了，事就對了，就算東西不對，但因為人對了，願意負責，還是能有機會挽回好的東西。

做一個有知覺的人

每個人都必須時常思考自己的興替，「知道」與「不知道」差別很大，谷底要學習，高峰要謙卑。每個年紀都有不同的功課要做，但能有知覺地做決定，才可以有知覺地往前走。

孔夫子說：「四十不惑，五十知天命，六十耳順……」然而這年頭，很多人根本不知道何謂天命，可能到了九十歲也無法知天命。但我認為，五十歲做不到知天命無妨，但一定要能「知興替」。

最近有個朋友來找我，他和我一樣，從學徒做起，經營當舖也有四、五十年的時間，他的孩子甚至跟我學過如何經營當舖，可惜最後孩子志不在此，無人能繼承衣缽，讓他決定退休結束當鋪。這讓我想起，之前去訪過日本東京和大阪的「質屋」（當鋪）時，他們也同樣感嘆「後繼無人」，年輕人寧可領22K，也不願意回家接掌當鋪事業。

回想一九七〇年，當時我十二歲時首次踏進當鋪，那時的當鋪規模不小，業務量龐大，社會依賴度強，當然，流當品也不少；而到了一九七四年，我開始當學徒，隨著民生物資質量提高，利潤大增，當鋪業如雨後春筍般開立，那時候很流行這段話：「狗來富，貓來開當鋪。」當年，要能開當鋪，除了專業，還必須很有錢，而且要有一定的社會地位。

至二〇〇〇年，當鋪生意開始變差，也沒人想當學徒，當鋪業走下坡，於是打著信貸質借，又不需質押物品的「新興當鋪」（錢莊）隨之興起。在銀行及新興當鋪夾殺下，傳統當鋪愈來愈失利，一九九一年，傳統當鋪和新興當鋪還有六比四的比例，如今僅剩下一比九。

因此，時至今日仍在繼續經營當鋪的人只有兩種選擇：一、選擇歇業退休；

二、選擇創新改革，但這條路不輕鬆，因為前無古人案例可以追尋。

若你仔細想想，也會發現人生不就是這樣嗎？有興必有替。若傳統當鋪只想守株待兔，競爭力就會顯得不足；而新興當鋪因為競爭激烈，自然就會想到許多在法律邊緣的點子，如此惡性循環下去，所有的當鋪業都無法生存，自然會被淘汰。

只是任何的創新都有時效性，必須面臨時代的轉變，因此除非保持無止境的學習，才可以跟上。

而回推到個人身上也是一樣的，每個人都必須思考自己的興替。我也時常在思索這件事，該退休呢？還是重新思考自己的戰略位置？不管是哪一條路，五十歲知興替很重要，「知道」和「不知道」差別很大，谷底要學習，高峰要謙卑，知興替才有浴火重生的可能。

五十歲若還耽溺於成功或失敗，是浪費光陰；知道老之將至，欣然接受，是一種避免跌倒的睿智。就像是我朋友決定把當鋪收掉，也是一種選擇，重點是要有所認知。

每個年紀都有不同的功課要做，但不管到了幾歲，能夠知道現在的所作所為和各項選擇，是不是都符合心中所想？目的為何？是一個指引自己能夠前進的大前提。有知覺地做決定，才可以有知覺地往前走。

人的真相

社會不斷進步，人與人之間都是透過層層心機，隔著形形色色的面罩溝通。如果有一天，人不再是我們感到有興趣與想研究的對象的話，這是我們最大的損失。無論如何都不要忘了身而為人的真相。

最近，當舖裡準備進一台新儀器，要價五、六百萬元。因此，當大家在開會討論要不要買這台儀器時，我突然腦袋放空，心想：「我們已經有這麼多台專業儀器了，為什麼要買這台儀器呢？我們又不是學校的實驗室。」

想當初，我剛創業時，當舖裡只有一個放大鏡而已，而之所以要買儀器，追根究柢其實是因為我們不信任人，買儀器是用來對付人的。

舉例來說，我先前買了很貴的光譜儀，是因為某位珠寶商客戶。這位客戶時常來當一些翠玉，剛開始貨源都不錯，但後來愈來愈不對勁，但我又說不出所以然來，只能口頭詢問他：「你的貨源有沒有再三確認過啊？」沒想到對方不僅連聲否認他的貨源有問題，甚至還質疑我的專業素養不夠。

因此，我噤聲不說，卻多了一點心眼，把他的貨拿去專業鑑定中心檢驗，這一驗不得了，東西真的有問題。

我把客戶找來，告知他檢驗的結果，但他卻依然在強辯。因此我一氣之下就買了光譜儀，他看到結果後說了許多言不及義的話，慢慢推敲，才發現原來他早就知道貨源有問題，是故意拿有問題的貨灌給我們。幸好我發現得早，不像其他家當舖因此而倒閉。

人性就是如此，要人乖乖的老實說話似乎不可能，非得先把自己全副武裝不可。而除了準備好所有防禦性的武器外，還要有應付客人的十八般武藝，等待不老實的客人上門時一一給予擊破，認真想這實在是很可笑的事情。

我從事約四十年的當舖工作，剛開始很相信人，因為客戶臉上的表情很真，從客戶的行為可以看到善良的一面，客戶處理危機的態度能看到人性的美，但如今幾乎都看不到了。現在幾乎每天都在與客人鬥智的生活下度過，實在令人感到遺憾。

社會不斷進步，人與人之間都是透過層層心機，隔著不知名的面罩溝通，客戶到我這裡來，經過我關懷性的問候，大約有八成願意拿下面罩，但仍有兩成的人還是選擇繼續戴著面罩來挑戰我。

我思考近十年的客戶變化，人的真相的確差異愈來愈大，以前的客戶都會與我分享他們的人生歷練和悲歡離合的故事，現在的客人都是帶著一張撲克臉來，拿到錢就走人。只要我多問幾句就被沒好氣的回：「我有必要回答你的問題嗎？」「你是開調查局的嗎？」……所以，我只能不斷地買各種精密的儀器，用專業儀器顯示的數據來說話，判定人的真相。

說真的，我很懷念以前那段真誠的歲月，喜歡那些喜怒哀樂都顯現於臉上的人。如今，為了驗證客戶，當舖的鑑定工具會愈買愈多，根本就快要變成一間專業鑑定中心了，人，不再是我們研究的對象，這是我們最大的損失。

把人擺在第一位，就是結善緣

人跟人的相遇都是緣分，真誠地待人，他人一定可以感受到。能遇到願意互相扶持的人更實屬難得，把人擺在第一位，就是一種結善緣。

經營當舖的壓力不是一般人能想像，因此從年輕時我便喜歡藉著戶外運動紓解壓力，愈刺激的效果愈好。近幾年，我迷上大型帆船，和幾位同好組成了帆船隊，有時攜家帶眷，享受一般旅遊無法體驗的遼闊海景；有時四處征戰，挑戰團體競技的刺激感。

不過，航行狀況瞬息萬變，極需船員密切合作，只要一個失誤，帆船動輒在原地打轉，艙房裡的雜物甩得滿地都是，甲板上更是繩索亂飛，遇到這樣的狀況常常船長一心急，就忍不住破口大罵，搞得大家更心浮氣躁。甚至好幾次因為大家對航行策略的見解不同，愈吵愈大聲，搞得比賽成績大打折扣。

每當遇到這種時候，我都會想起一位過去的客戶張老闆，並且由衷佩服他。

幾年前的一次過年前夕，一位客戶開著賓士車上門典當，自稱姓張，我評估車況一切良好，只是車廂中瀰漫一股刺鼻氣味。但因為不好多問，因此我開好當票後，連同現金交給了張老闆，他忙不迭走了。只是沒過一會兒又折回來，說是後車廂裡的貨品忘了拿，一打開後車廂，魚腥味撲鼻而來，裡面滿滿的全是漁獲。他笑說自己在基隆經營漁業公司，尾牙將近，為了湊足員工的年終獎金才來當車。

日後，他不時來典當，見面次數一多，彼此愈來愈熟。他說漁業公司是自日本時代祖傳的家業，自己當過二十多年的船長，旗下有八艘遠洋漁船。每次漁船進港都需要除鏽、上漆之類的整補作業，一艘船至少要花上兩、三百萬，整補資金就靠賓士車來周轉。有一回他還問我：「秦老闆，漁船能不能當？」

「哪有可能！賓士車能開過來，難道漁船也要開過來嗎？」

「船怎麼開得過來，都停在碼頭啦。」

「拜託，我可以租車位停車，可是沒辦法租碼頭啊。而且萬一借你錢以後，船開跑了怎麼辦？」

「你放心，船開得再遠，都要回到港口，跑不掉的。」他認真地解釋。

我猶豫許久，考量風險太高，最後跟他說：「船還是留著吧！我沒這麼多現金，不如你還是當車，我多借一點。」他也豪爽地答應了。

某一年歲末，他打電話給我：「秦老闆，今年尾牙的年終獎金不夠，又要麻煩你了。可是我實在太忙了，能不能請你帶一百萬過來，再把車開回你店裡，我請你吃尾牙。」

「這……好像不太好，我手邊也有事要忙。」

「哎呀！拜託你，一定要幫我這個忙。」

我禁不住他的請託，於是只好背著裝滿現金的包包，搭上基隆客運，晃晃悠悠地出發。

到了基隆，發現尾牙場地是設在船塢裡，員工有三分之一是原住民，還有三分之一是外籍船工，最有意思的是大家不分彼此，敬酒的敬酒、唱歌的唱歌，比開趴還歡樂，吃尾牙能吃到這麼開心實在很少見。而張老闆穿梭其間，笑咪咪地招呼每一個人。

這時有一位機工長跑去問他：「老闆，船上的錨鍊卡住了，我們搞了兩天還沒搞定，該怎麼處理？是不是直接用電焊燒掉算了？」

他溫和地說：「要是燒掉再接起來，錨鍊的強度會大打折扣；如果換一條新的，至少要花兩百萬。不然你帶我去看一看。」

張老闆一上船，所有船員都向他鞠躬，他也一一回禮。接著張老闆仔細地檢查錨鍊故障的原因，最後判斷是齒輪卡住，於是他掄起大榔頭，鏘鏘地敲起齒輪，一面敲一面向船員解說：「只要耐心地敲一千下，齒輪就會乖乖鬆掉。」接著，他找來三位船員，各自拿起榔頭，圍著齒輪繞成一圈，教他們按著節奏輪流敲，還搭上和音，敲擊聲與歌聲交錯成奇妙的旋律，彷彿某一種部落歌曲。張老闆看著三人的敲擊跟上節奏，滿意地下船吃飯。

他跑過來倒杯茶給我，我說：「你們工作真有趣，忙的時候還不忘唱歌。」

他說：「在船上必須如此，不然人會發瘋。」

「為什麼？」

「你想想，我們跑一趟南美洲得花一年，茫茫大海之中無處可去，要是生活枯燥乏味，沒人待得下去。所以遇上再難過的事情都要唱唱跳跳，大家互相取樂，才能安然度過航海的日子。」

時間往後再推了一、兩年，張老闆再度來當車，這一回同行的是一位面有菜色的越南人。我忍不住問：「張老闆，這個人是不是身體不舒服？」

「對，我等一下要帶他到榮民總醫院開刀。」

「怎麼不請別人帶？」

「唉，輪機長已經帶他去看過兩次，每次回去都說沒事，可是我愈看愈不對勁，一定要自己帶他走一趟才放心。所以今天來當車，也想請你幫忙開車載我們過去醫院，再把車子開回店裡。」

「這當然沒問題。」

到了榮總，老闆先去掛號，我和越南人坐在一旁，我問越南人：「老闆對你好不好？」

他一個勁兒地點頭說：「很棒，老闆對我很棒！我家裡要蓋房子，老闆還借我三萬元。」

後來越南人進診間檢查，我由衷地說：「張老闆，你對這些船員真是好。」

他正色說：「你不知道，雖然他們在港口裡都很善良，可是一旦出海，翻臉比翻書還快，隨時會在背後插一刀。」

「有這麼恐怖？」

「沒騙你，因為語言不通，他們平常悶不吭聲，只要幾個人講好，當天晚上就動手幹掉船長。我們當船長的，最怕這種人，所以在陸上要對他們特別好，出海才不會有事。」

「真的假的？」

「基隆有好幾個船長就是這麼出事的，甚至連船都被開走了。」接著他又說：

「說真的，外籍船工到異鄉打拚不容易，對他們好一點是應該的，而且在海上，我們都是生死與共的兄弟。有一次出海，我站在滿艙的漁獲裡處理事情，一個新來的外籍船工焦急地指著我的腳，激動地喊著聽不懂的語言，我不明白他想表達的意思，但是肯定有問題，所以趕緊把腳從深及膝蓋的漁獲中抽起來。誰知道下一秒地上成圈的鋼索就倏地抽直，原來外頭正在下漁籠，要是他晚一點提醒我，我的腿早就被鋼索絞斷了。其實漁工都知道船上哪裡有危險，如果我平常對他不夠好，他大可不必提醒我。」

又過了五、六年，張老闆打電話給我，表明不但要當車子，還一定要當船，希望我可以幫忙。

我聽他的語氣有異，於是問他：「發生了什麼事？」

「唉，我的船被阿根廷政府沒收，還有二十多個船員被扣押，對方要求一百萬美金，收到錢才肯放人。」

我一聽事態嚴重，可是金額還是太高，於是幫他介紹一位專做租賃生意的人，三人約好時間碰面詳談，之後張老闆順利借到了一千萬台幣。

臨走前我抓著他問：「一百萬美金不是小數目，你的公司撐得下去嗎？」

他沉默了幾秒說：「沒辦法，公司可能要倒了。」

「什麼？要倒了！你還想辦法湊錢救人？」

「要是船員回不了家，他們的家庭也完蛋了，所以我一定要救人。可是就算救回來，各國對漁權愈來愈重視，日後要去南美洲的漁區得負很大的代價，看來再也去不了。」

一般老闆只會為了自己留後路，可是張老闆卻寧可選擇放掉祖業救人，我由衷地說：「我實在很佩服你，以後如果有什麼困難，我一定會幫忙。」

過了一段時間，張老闆典當的賓士車已經到期，原本留的電話無人接聽，於是我親自跑了他公司一趟，沒想到公司招牌已換，人也不見蹤影。我詢問左鄰右舍，才知道原先的漁業公司已經轉賣，不過張老闆還住在基隆老家。

等到了他家一看，我心裡登時涼了半截，昔日意氣風發的張老闆竟瘦到只剩三十多公斤，臉色焦黃，彷彿一推就倒。我緊張地問著：「發生什麼事？」他的家人搭腔：「上次的事情太嚴重，拖垮他整個人，醫生說他的肝有問題，時間……時間不多了。」

我愣了半晌，不知該說什麼，倒是他主動開口說：「船的事情已經解決，當給你的賓士車我不要了，請你幫忙處理。不好意思，我知道會虧錢。放心，以後有錢，我一定補償你。」

我傷心地說：「錢不是重點，像你這麼好的人，怎麼會落得這種下場？」

「說真的，雖然日子不多了，可是我心裡很高興，至少把人救了回來，幫助二十幾個家庭團聚。」

他請我留下來喝茶，可是我心中難過地坐不住，趕緊找個藉口告辭。走出門後，遇到好幾位往反方向走來的船工，其中一位正是上次去看病的越南人，我向他打招呼說：「最近身體好不好？」

「沒問題，現在換了一個老闆。」

「你今天來看舊老闆？」

「大家輪流，只要在碼頭的人，每個早上一個人來送飯、一個人帶他散步、打掃。」

「有薪水嗎？」

他搖搖手說：「沒有錢，大家自動自發，因為老闆是個好人。」

隔沒多久，我就接到張老闆去世的消息。

若干年後，我開始玩帆船，每當大家起爭執的時候，我總想起張老闆領著船員打錨鍊的畫面，他以身作則的行為與仔細溫和的態度，正是領導者該有的風範。

人跟人的相遇都是緣分，即使是老闆與員工關係也是，真誠地待人他人一定可以感受到。能遇到願意互相扶持的人更實屬難得，把人擺在第一位，就是一種結善緣，其實人生就像是在一條船上，若有幸能夠跟到好的領航者，是一輩子莫大的福氣。

當自己生命裡的大人物

外在的財富或頭銜都是會隨著時間消逝的身外之物，唯有人的品格才是會流傳下來的東西，也是不會背叛自己的東西。努力強壯自己的內在，即使遭遇困難也不會被擊倒。

有個朋友帶了一位友人來找我鑑價，在電話中，我的朋友不斷一再地強調：「這位友人是個大人物，千萬不能得罪，盡量順著對方的話，千萬不要忤逆對方。」我一聽就想婉拒見面，但朋友很堅持，推不掉，只好約了碰面時間。

當天，朋友果真帶了一位陌生人來，一見到我，朋友又把我拉到旁邊去再三強調對方是大人物，應對進退務必謹慎。

大人物見到我，劈頭就說：「你真的懂文物嗎？」我回答：「略懂略懂。」大人物便拿出幾件東西說：「好，那就給你開開眼界。」他一件一件拿出他的寶物，口沫橫飛興奮的說著春秋時代的歷史典故，我不發一語的聽完後，我說：「我對某三樣東西是抱持著存疑的態度……」

我還解釋不到一半，那位大人物和我的朋友臉色變得愈來愈差，朋友趕忙出來打圓場，要我說一點正面的話。只是那位大人物仍是氣不過，罵我瞎說，他的東西百分之百是真的，東西收了收就離開，一句再見也沒說。

我多年的經驗也讓我察覺，其實許多的「大人物」都是見面不如聞名。各人有各人的專業，也許他們在某個領域裡是專業，不代表各領域都會是專業，如果不懂得尊重其他專業的人，就會很容易剛愎自用。

而我這一生見過幾位真正的大人物，他們多擁有以下三樣特質：

一、**博學多聞**：博學多聞的人會終生學習，學識精深、見過無數大場面的他們總是能處變不驚，和他們相處會感受到源源不絕的知識，如沐春風。像我曾去聽過蔣勳談京劇，他演講的內容令人折服，舞台上的他就像巨人一般。

二、**謙沖博愛**：我在《那個年代，這些惦記》中曾經提過這位人物——老鄉長丁仲容先生，他出生於詩書家庭，深深受到儒教影響，待人接物都以「禮」為主。他那個年代能念到國立大學就像古代中進士一樣難，但他始終謙虛，以拯救國家為己任，即便受到很多挫折，他也秉持著謙卑慈悲的心態與世無爭的活著，堪稱是我一生的導師。

三、**淡泊生死**：我父親就是很好的例子。他一生對朋友兩肋插刀、盡心盡力，很多人都把他們的後事交給我父親處理，而我父親的原則也很簡單，「可交代後事但不可交代錢」，他要朋友把錢交給至親，幫朋友辦後事都是用募款而來的錢，我父親約莫幫助過五十多位朋友辦過後事，常在墓地、告別式兩邊奔波，看盡生離死別。

而當他知道自己不久人世時，他便想盡辦法把人情債一一還清，並一手把自己的後事打理好，他的墓園是他自己親自督工完成的，真的是淡泊且了無牽掛的人生。

這三種大人物的特質都讓我非常景仰，這些人都經歷過許多磨難和學習，人生路上都有一定的堅持。外在的財富或頭銜都是會隨著時間消逝的身外之物，唯有人的品格才是會流傳下來的東西，也是不會背叛自己的東西。努力強壯自己的內在，即使遭遇困難也不會被擊倒。

不見得成功的人才是大人物，也不一定是指擁有多大的豐功偉業才行，而是也有可能藏於市井之間，只要透過不斷的學習，擁有這樣的特質。人人都有機會成為讓人尊敬的大人物。

人與人的相處都像是在典當一顆心

人與人交往其實就像是典當了一顆心，但是每一顆心值多少錢呢？要保管每顆心，總要做一些測驗，所以人生也才需要不斷地累積與學習才能有所依據，這樣才會知道自己是否保管得起。

開當舖最常聽到的一句話是：「老闆，今天無論如何你一定要借我錢，不然我就過不了關了，你放心，我一定不會背叛你，時間到了我一定還錢，就算這條命沒了，我都要還你！」次數多到就像是電視裡的台詞，因為未來還會遇到，可是我永遠沒辦法猜透哪一次是真的。

曾經有一位經營電子零件代工的董事長因為公司資金短缺到已經跳票了，十萬火急地上門借錢，他說：「我總共欠了三千多萬，今天要開債權人會議，至少得拿出十分之一的現金展現誠意，以後人家才敢繼續供貨。現在只差五十萬，我開了最後三輛發財車跟你當五十萬。你放心，我視名譽如生命，等到生意好了以後，一定還你。」

雖然話說得動聽，還是得要瞧瞧車況。不看還好，一看快暈倒；三輛車不但破爛，連例行的驗車都沒驗，甚至還欠繳稅金。我為難地說：「這樣的車只能當成報廢車，一台三萬，三台算你十萬。要借五十萬實在太勉強。」

他笑笑地說：「秦老闆，如果車子值錢，早就被債主開走了，輪得到我來當嗎？現在你要賭一把，賭我這個人能不能過這一關？」

「拜託，你有什麼立場要我陪你賭？拖我下水合理嗎？」

「話不是這麼說，交朋友靠緣分，患難之交可是終身朋友。」

聽他說得好像有道理，我開始認真考慮，萬一虧的話，最多虧四十萬，乾脆跟他賭一把，幸好這次我也賭對了。

可是生意總是有起有落，他不只來借一次，前前後後開著三輛破車來借了三次，最後一次他出現時，當時我心想：「若是有鬼，他第一次就該坑我了，沒理由來到第三次。萬一這次看走眼，我也心甘情願。」沒想到這一回之後，他也真的一路飛黃騰達，至此再也沒上門周轉過。

另外有一位建設公司的大老闆，請我到他的公司幫忙紓困，辦公室位於三十樓的高樓，占地超過三百坪，裝潢氣派，他開了最貴的紅酒、煮了最好的咖啡招待我。接著他說了一連串漂亮的場面話，末了帶我去看他的頂級勞斯萊斯，車內的地毯高級到我都不敢踩上去，他自負地說：「這一輛勞斯萊斯買了三年，除了接送國際貴賓以外，幾乎都沒開過。當初買八百五十萬，後天有支票要軋，現在跟你借三百萬，你怎麼說？」

我想這輛車至少值五百萬，於是問他：「那這車貸款多少呢？」

「八百萬。」

「什麼？這……這樣怎麼能當？」

他好整以暇地說：「你不覺得光車殼就值三百萬嗎？引擎不值一百萬嗎？」

「拜託，沒有人拆開來算的……」

「秦老闆，你現在在幫人，想法不能太現實，我願意買八百萬的車，一定有其必要。而且我的事業這麼大，名下有兩座高爾夫球場，不可能騙你三百萬。這三百萬真的是救命錢，我向你保證，誰的錢都可以欠，你的錢我一定還。所以我當給你，一定贖回。」

他說得天花亂墜，我聽得一愣一愣，實在拿不定主意，最後我說：「能不能考慮考慮？」

「好，給你一天考慮。」

回去之後，電話開始響個不停，他的協力廠商、客戶、員工等輪番關切，要我一定要幫忙，不然大家倒成一片。但說不上來，我卻隱隱感覺到事有蹊蹺，東想西想，決定採取敷衍戰術，於是跟他說：「我的資金不到三百萬，只有兩百萬，如果要的話就來當。」沒想到他一口答應，立刻派司機把車開來拿錢。

他在辦公室發誓的畫面還歷歷在目，誰知道一個月以後竟然就人間蒸發。人去樓空就算了，銀行、債權人、租賃公司紛紛上門討車，我彷彿捅了馬蜂窩。

這時有朋友指點我，乾脆找一個貨櫃把車運到大陸去殺肉賣零件，還能倒賺一百萬人民幣，可是違法的事我不能幹。怎麼辦呢？只能鼻子摸一摸，一面擦眼淚，一面把車鑰匙交給銀行，兩百萬全當丟到水裡。

一個老闆當了三輛爛車，另一個老闆當了勞斯萊斯車，下場迥然不同，若按照法律規定，動產是以交付為原則，所以當人家來典當一顆心，那顆心便應該屬於你，例如，朋友要求作保、登門借錢或是要求合作等。可是，心卻也是變化最大的動產，你怎麼知道對方的心是一片赤誠？還是黑如深夜？萬一誤判，可能要付出無法承受的代價。

很多記者問我：「秦老闆，你經手的金銀財寶這麼多，歷年來收藏的珍寶可否開放參觀？」

我都會回答：「從當學徒開始，我被教育成一個訓練有素的商人，倉庫裡的真貨都是別人的，不能參觀。至於流當品，我的原則是一件不留，因為無論多珍貴的流當品，一定要變現；不過若是假貨，我可不敢賣。所以我有一個贗品博物館，每一樣假貨都代表一顆心，有的人是全然的壞心，就好比我當年的第一筆生意就遇到假的金項鍊；有的人真的被逼急了，拿著假貨來表演演技、碰碰運氣。可能因為自身的專業不夠，或者是為感情所困判斷錯誤，四十年下來，累積成現在的贗品博物館。」

我的贗品博物館可以參觀，但是不會再進貨，原因有二：一是專業知識的增長，任何從我眼皮底下通過的事物，一定會經過非常專業的衡量，而我對幾十年鍛鍊出來的生活常識也非常有信心，因為好事不會從天而降，只要邏輯不對，再大的便宜都要小心。這是很多人上當的通病，我們常常聽到小確幸，或是天賜良機，這時要看的不是對方的心，而要看自己是否存著僥倖的心。

二是原則，做善事前要衡量自己的底線，就算是有過命交情的麻吉來借錢，也要知道自己最大的水位是多少。被騙，是因為自己的心不正確，缺乏專業與原則，所以平白無故收了一顆假心。

其實，人與人交往就好比是典當了一顆心，但是每一顆心值多少錢呢？要保管每顆心之前，總要做一些測驗，所以人生也才需要不斷地累積與學習才能有所依據，這樣才會知道自己是否保管得起。

後記 黃金夕陽期

求學的時候，老師常常說：「『勸君莫惜金縷衣，勸君惜取少年時。』你們還年輕，一定要珍惜時光，多做有意義的事。」然而到了現在年近半百，我用我的人生檢驗，才發現老師說的其實是錯的。

在我十五歲到二十五歲之間，毫無金縷衣可以惜，經驗、知識、目標無一具備，只有一個不斷成長的身體、蠢蠢欲動的心和大把的時光，所以每天橫衝直撞，能玩就玩，工作時努力賺錢。年輕時承受著成長的喜悅與痛苦，只要養成好習慣、建立好觀念就行了，其實不用講什麼遠大的道裡，也不用珍惜光陰。只要有自信能活下去與立定方向，日後定會有所出路。

經過了一輩子的努力，現在的我財富已經不虞匱乏了，甚至可以過著買豪宅、開名車、搭遊輪等豪奢的生活。但是到了五十五歲那一年，我突然感到一陣空虛。

年輕時賺錢很辛苦，但現在有錢以後，卻發現到光要錢能幹嘛？吃一碗陽春麵或是三百五十塊的牛肉麵都是一樣吃飽；出門旅遊好像看電影，繞了一圈還是回到家裡；租房子跟住豪宅一樣能遮風避雨；年輕時愛漂亮，喜歡穿得與眾不同，現在以舒適為主，穿得比過去還邋遢；過去看到年輕女生就怦然心動，現跟美女吃飯如如不動，簡直是不可思議。

抵達到五十五歲這一站之前，心中滿是憧憬，等到現在列車真的到了，我手上握著車票，才發現根本不想來這裡。我是一個戰士，已經名利雙收，可是體能下滑，少了獲取的欲望，身處在不是我要的戰場，面對夕陽無限好，只是近黃昏的窘態，一度感到迷惘。

我反覆思索，這一生歷經滄桑，累積了可以寫十本書的人生經驗，還有豐富的專業知識，深知人情世故。從正面的角度來看，正因為什麼都有，所以不會被名利與衝動蒙蔽了判斷，只要懷著一顆澎派的心，正好是人生的精華期，想通了之後，我將現在定位成「黃金夕陽期」，為自己擬訂了二十年計畫，努力朝向五個目標邁進。

一、重拾書本。年輕時為了生存，高中輟學投入當舖業，看過黑道見血火拼、看過白道明爭暗鬥……社會大學的學位，我自忖拿了好幾個博士；在五十歲時讀空中大學，只為了完成父親的遺願。我自認在當舖業裡無所不知，但是五十五歲時，我突然想要了解過去不知道的世界，於是主動報考台灣大學EMBA，在台灣大學和復旦大學求學的過程中，才發現同學間人外有人，老師個個身懷絕技，久違的學生生活成了最大的享受。

二、交朋友反璞歸真。小時候我跟任何人都能交朋友，但是創業吃過虧之後，我變得犀利老成，凡事以利益、真假為先，失去了年輕時的純潔。所以現在我到處鑑寶、演講，用年輕時的赤誠，重新跟大家交朋友。

三、重新建設家庭。經過四十多年賺錢比賽，我算是略有小成，可是追求金錢沒有終點，我這一輛車跑得太快，一路上連抬頭瞄一眼風景的時間都沒有，現在猛然回頭，竟發現錯過的風景比前面的更美好，更何況我的家庭。尤其我跟我太太從年輕結髮，她一手打理家中四位老人的生活起居，完成了我對她的無數要求，可是我幾乎夜夜笙歌，染上各種壞習慣。夜深人靜時，想起她為我付出的，可能十輩子都還不起。回首一看，大家都已半百，她依然愛我，可是我已滿佈瘡痍。而我的三個兒女成長的過程，我幾乎沒參與，所以我也發願想用接下來的時間重建家庭生活。

四、回饋社會。我出身卑微，可以說從泥巴堆裡爬出來，除了我家人外，沒人對我特別好。初創業時叔叔伯伯願意借我錢，是因為我都給他們高達百分之十八的利息，在五十五歲以前，我認為自己的天下全是靠雙手打下來的。近年來沉澱以後，才發現完全不是這麼回事，有這麼多人願意伸出援手拉我一把，我的好運取之於社會，一路上受到很多人的啟迪，讓我來自低層卻不下流，保持榮譽不做暗事。

我母親曾說，每個人的一生就像一棟房子，運氣好的會座落在交通便利之處，運氣不好的可能窩在懸崖邊，無論如何，都要用一生去打造維護。到老時我終於明白自己為何而來，應該要回饋社會，所以我決定應該要將自己畢生經驗貢獻出來，為全民「消費行為」把關，消滅假貨。另外，我也計畫投入青少年帆船訓練的工作，為下一代盡一份心力，或是關懷偏鄉居民與老人，在未來的二十年，還有許多事情值得投入。

五、最後一個則是打造自我。我非常榮幸可以出生在一個新舊交替的時代，一個族群交融的國家。年輕時飯都吃不飽了，睜開眼就要求生，沒有餘力長智慧，現在要修煉我的智慧，讓自己在最後一途留下完美的結尾。

我看到太多人在人生最後一段不用車票的黃金時期，依然走著庸俗可憎的舊路線，二十年過後，一無所有，豈不盲目愚昧？年輕人本來就是拿時間換錢，老年可不會拿時間換錢，因為時間太可貴。而賺錢本來不該在老年的規畫中，五十五歲以前，該有錢的早就有錢了，沒有錢的也能過日子。少年時該像海綿一樣大量吸水，到了老年要全力擰乾，能擰出多少是多少。

生命最後的二十年，我們應該做什麼事，貢獻自己的價值，才能活得很自在。甚至只能當十年或五年用，因為疾病和死亡隨時會出現，現在就要開始一段新的旅程，完成我來到世間的目的。

感謝老天爺終於讓我老了，勸君惜取夕陽期，莫惜金縷衣。

國家圖書館出版品預行編目資料

學上當／秦嗣林著. -- 初版. -- 臺北市：
麥田出版：家庭傳媒城邦分公司發行,
2017.06
面；　公分
ISBN 978-986-344-461-9（平裝）
1. 人生哲學　2. 通俗作品

191.9　　106007090

學上當

作　　者／秦嗣林
文字整理／唐滋蓮、王上青
責任編輯／蔡錦豐
國際版權／吳玲緯、蔡傳宜
行　　銷／艾青荷、蘇莞婷、黃家瑜
業　　務／李再星、陳紫晴、陳美燕、枡幸君
總 經 理／陳逸瑛
編輯總監／劉麗真
發 行 人／凃玉雲
出　　版／麥田出版
台北市中山區104民生東路二段141號5樓
電話：(02) 2500-7696　傳真：(02) 2500-1966
blog：ryefield.pixnet.net/blog
發　　行／英屬蓋曼群島商家庭傳媒股份有限公司城邦分公司
台北市民生東路二段141號11樓
書虫客服服務專線：02-25007718・02-25007719
24小時傳真服務：02-25001990・02-25001991
服務時間：週一至週五09:30-12:00・13:30-17:00
郵撥帳號：19863813　戶名：書虫股份有限公司
讀者服務信箱E-mail：service@readingclub.com.tw
歡迎光臨城邦讀書花園　網址：www.cite.com.tw
香港發行所／城邦（香港）出版集團有限公司
香港灣仔駱克道193號東超商業中心1樓
電話：(852) 25086231　傳真：(852) 25789337
E-mail：hkcite@biznetvigator.com
馬新發行所／城邦（馬新）出版集團【Cite(M) Sdn. Bhd.】
地址：41, Jalan Radin Anum,
Bandar Baru Sri Petaling,
57000 Kuala Lumpur, Malaysia.
電話：+603-9057-8822　傳真：+603-9057-6622
電郵：cite@cite.com.my
印　　刷／中原造像股份有限公司
總 經 銷／聯合發行股份有限公司　電話：(02) 2917-8022　傳真：(02) 2915-6275
初版一刷／2017年6月
初版十二刷／2023年11月

定　　價／新台幣299元

Printed Taiwan